VIVIENDO SOBRIO

*Este Sello aparece en literatura
aprobada por la Conferencia.*

Dirección Postal: Box 459
Grand Central Station
5M-1/90(FA)   New York, NY 10163

VIVIENDO SOBRIO

*"...el tratamiento involucra primordialmente
no tomar ni un solo trago..."*

Asociación Médica Norteamericana

Algunas preguntas hechas frecuentemente por los abstemios recientes y páginas que ofrecen las respuestas correspondientes.

Pág.

¿Qué debo hacer y decir en una reunión donde se consume alcohol? 98

¿Debiera mantener licores en mi casa? 41

¿Cómo hago para explicarle a la gente que no estoy bebiendo? 101

¿Qué hay con el sexo? 94

¿Qué hay con el insomnio? 54

¿Qué hay con los sueños? 55

¿Debiera entrar a bares y tabernas? 98

¿Qué puedo hacer cuando me encuentro solo? 57

¿Estaré seguro mientras sea feliz? 69

¿Debiera buscar ayuda profesional? 90

¿Es necesario abandonar los antiguos compañeros y hábitos? 98

ALGUNAS SUGERENCIAS
SOBRE COMO VIVIR SOBRIO

1 Utilizar este libro 15
2 Evitar el primer trago 19
3 Usar el plan de las 24 horas 21
4 Recordar que el alcoholismo es una enfermedad incurable, progresiva y fatal 23
5 "Vivir y dejar vivir" 27
6 Ponerse en actividad 30
7 Usar la Oración de la Serenidad 37
8 Cambiar las antiguas rutinas 39
9 Comer o beber algo, generalmente dulce 42
10 Utilizar la "terapia del teléfono" 44
11 Conseguir un patrocinador o padrino 47
12 Descansar suficientemente 52
13 "Lo Primero Primero" 55
14 Evitar la soledad 57
15 Vigilar la ira y los resentimientos 62
16 Ser indulgente consigo mismo 66
17 Vigilar las alegrías exageradas 69
18 "Tómelo con calma" 71
19 Ser agradecido 74
20 Recordar la última borrachera 80
21 Evitar las drogas y medicamentos peligrosos 82
22 Eliminar la autocompasión 87
23 Buscar ayuda profesional 90
24 Evitar los enredos emocionales 92
25 Salirse de la trampa del subjuntivo 95
26 Permanecer alerta en las ocasiones en que se consume licor 98
27 Abandonar las ideas antiguas 105
28 Leer el mensaje de A.A. 109
29 Asistir a las reuniones de A.A. 113
30 Ensayar la práctica de los Doce Pasos 122
31 Encontrar la manera que mejor se ajuste a su personalidad 125

POR QUE ESE TITULO...

Aun las palabras "mantenerse sobrio", y con mayor razón "vivir sobrio", ofendieron a muchos de nosotros cuando se nos dio por primera vez ese consejo. Si bien es cierto que habíamos bebido en exceso, muchos de nosotros nunca nos sentimos borrachos, y estábamos seguros de que casi nunca parecíamos borrachos. Muchos de nosotros nunca nos tambaleamos, caímos o tuvimos la lengua pesada; muchos otros nunca desordenaron sus vidas, nunca perdieron un día de trabajo, nunca tuvieron accidentes automovilísticos y nunca llegaron a estar hospitalizados o encarcelados por causa del licor.

Conocimos muchas personas que bebieron en mayor cantidad que nosotros, y personas que no podían manejar sus tragos. Nosotros mismos no éramos así. Por ello la sugerencia de que debiéramos "mantenernos sobrios" era casi insultante.

Además, nos pareció innecesariamente drástica. ¿Cómo podríamos vivir en esa forma? Con toda seguridad, no había nada malo en uno o dos aperitivos en un almuerzo de negocios o antes de la cena. Todo el mundo tenía el derecho a descansar con unos pocos tragos, o beber un par de cervezas antes de ir a la cama.

Sin embargo, después de aprender algunos hechos acerca de la enfermedad llamada alcoholismo, nuestras opiniones cambiaron radicalmente. Se abrieron nuestros ojos al hecho real de que aparentemente millones de personas sufren la enfermedad del alcoholismo. La ciencia médica no explica su "causa", pero los expertos médicos sobre el tema del alcoholismo nos aseguran que una sola copa conduce al bebedor alcohólico, o bebedor problema, a muchas dificultades. Nuestra experiencia confirma abrumadoramente esta aseveración.

Por eso la abstención absoluta, esto es, no tomar bebida alcohólica de ninguna clase, se convierte en la base de la recuperación del alcoholismo. Y permítasenos puntualizar por repetición que la vida abstemia no significa de ninguna manera una vida triste, aburridora e insoportable, como habíamos temido, sino por el contrario, algo que empezamos a gozar y a encontrar mucho más excitante que nuestros días de bebedores. Vamos a mostrarle la forma en que eso se logra.

¿POR QUE "EL NO BEBER"?

Nosotros los miembros de Alcohólicos Anónimos® nos damos cuenta de la respuesta a esa pregunta cuando observamos honestamente nuestras vidas pasadas. Nuestra experiencia muestra claramente que la más pequeña cantidad de alcohol conduce al bebedor alcohólico, o bebedor problema, a serias dificultades. Según palabras de la Asociación Médica Norteamericana:

> *El alcohol, aparte de sus cualidades adictivas, tiene también un efecto sicológico que modifica el razonamiento y el pensamiento. Una sola copa puede cambiar la mentalidad de un alcohólico en el sentido de que cree poder tolerar otra, y luego otra, y otra...*

> *El alcohólico puede aprender a controlar completamente su enfermedad, pero la aflicción no habrá de curarse en forma tal que pueda volver a ingerir alcohol sin consecuencias adversas.*[*]

Para sorpresa nuestra, la abstención continuada no es la experiencia triste y desoladora que habíamos imaginado. Mientras estábamos bebiendo, la vida sin alcohol nos parecía que no tenía sentido. Pero para la mayor parte de los miembros de A. A., la vida de abstención es una vida *real*, una experiencia fascinante. La preferimos a todas las dificultades que tuvimos cuando bebíamos.

Una nota adicional: cualquiera puede dejar de beber. Todos nosotros lo hemos hecho muchas veces. La gracia consiste en permanecer y vivir en sobriedad; esto último constituye el tema de la presente publicación.

---

[*] Tomado de un pronunciamiento oficial publicado el 31 de julio de 1964.

1. UTILIZAR ESTE LIBRO

Este libro no suministra un plan para recuperación del alcoholismo. Los Pasos de Alcohólicos Anónimos que resumen el programa de recuperación están explicados detalladamente en los libros "Alcohólicos Anónimos" y "Los Doce Pasos y Las Doce Tradiciones". En este libro no se encuentra la interpretación de esos Pasos, ni tampoco los procesos que cubren su aplicación.

Aquí tratamos solamente algunos de los métodos que hemos utilizado para vivir *sin beber*. Cordialmente lo invitamos a ensayarlos, bien sea que usted esté interesado o no en Alcohólicos Anónimos.

Nuestra bebida estaba conectada con muchos hábitos, grandes y pequeños. Algunos de ellos eran hábitos mentales, o sea las cosas que sentíamos en nuestro interior. Otros eran hábitos de actitud, o sea las cosas que hacíamos y acciones que ejecutábamos.

Para poder acostumbrarnos a no beber, hemos visto la necesidad de reemplazar los viejos hábitos por unos totalmente nuevos.

(Por ejemplo, en lugar de beber esa próxima copa, la que tiene en su mano o la que está programando, ¿podría usted posponerla hasta cuando lea el final de la página veinte? Dé unos sorbos de gaseosa o jugo de frutas, en lugar de la bebida alcohólica, mientras lee este libro. Un poco después le explicaremos con mayor detalle lo que se encuentra detrás de este cambio de hábitos).

Después de que invertimos algunos meses practicando estos nuevos hábitos sobrios, o formas de actuar y pensar, se convirtieron casi en una segunda naturaleza para la mayoría de nosotros, en forma similar a como era la bebida. El no beber se ha vuelto fácil y natural, y no una lucha sorda y pavorosa.

Estos métodos prácticos, de utilidad inmediata, pueden utilizarse fácilmente en la casa, el trabajo o las reuniones sociales. También incluímos aquí algunas cosas que hemos aprendido a no hacer o evitar. Estas eran cosas que, como ahora las vemos, nos tentaban en su oportunidad hacia la bebida o de alguna manera ponían en peligro nuestra recuperación.

Creemos que usted hallará muchas o casi todas las sugerencias que presentamos aquí muy valiosas para vivir sobrio, cómoda y fácilmente. No existe significado especial en el orden en que las presentamos. Usted las puede reagrupar en la forma que mejor le parezca. Tampoco en un listado completo de nuestros métodos. Prácticamente cada uno de los miembros de A.A. que usted encuentre puede suministrarle por lo menos una buena idea adicional que tal vez no hemos mencionado. Y usted mismo probablemente encontrará nuevas ideas que a usted le funcionen. Esperamos que las transmita a otras personas para que ellas a su vez puedan aprovecharlas.

A.A. como agrupación no apoya formalmente ni recomienda para todos los alcohólicos todas las líneas de acción que se incluyen aquí. Pero todas y cada una de las prácticas incluídas han mostrado su utilidad a algunos de los miembros, y pueden también ser útiles para usted.

Este libro se ha planeado como un manual sencillo que pueda consultarse en distintas ocasiones, y no como algo que deba ser leído de una vez, para luego olvidarse.

Previamente queremos mencionar dos precauciones que han demostrado ser de mucha ayuda:

A. *Mantenga una mente abierta*. Tal vez algunas de las sugerencias que ofrecemos no sean de su agrado. Si tal es el caso, hemos visto que, en lugar de rechazarlas para siempre, es una idea mejor hacerlas a un lado por algún tiempo. Si no cerramos totalmente nuestras mentes a ellas, siempre podremos volver posteriormente a ensayar ideas que antes no nos gustaban, en caso de considerarlo conveniente.

Por ejemplo, muchos de nosotros vimos que, en nuestros días iniciales de abstención, las sugerencias y camaraderías ofrecidas por un padrino A.A. nos ayudaron enormemente a permanecer sobrios. Otros de nosotros esperamos hasta haber visitado muchos grupos y conocido muchos miembros de A.A. antes de resolvernos finalmente a pedirle ayuda a un padrino.

Algunos de nosotros vimos en la oración una ayuda poderosa para no beber, al tiempo que otros evitaron totalmente las cosas que tenían algo que ver con la religión. Pero todos nosotros tenemos la libertad de cambiar nuestra actitud acerca de estas ideas posteriormente si así lo preferimos.

Muchos de nosotros encontramos que mientras más pronto empezáramos a trabajar en los Doce Pasos ofrecidos como programa de recuperación en el libro "Alcohólicos Anónimos", era mucho mejor. Otros en cambio sintieron la necesidad de posponer este trabajo hasta lograr adquirir alguna sobriedad.

El punto importante es que no existe ninguna forma "correcta" o "equivocada" de hacer las cosas en A.A. Cada uno de nosotros utiliza lo que es más adecuado para su caso, sin cancelar la puerta a las otras formas de ayuda que podamos encontrar valiosas en una oportunidad diferente. Y cada uno de nosotros trata de respetar los derechos de los demás para hacer las cosas en forma diferente.

En ocasiones, un miembro de A.A. hablará en forma de tomar las diversas partes del programa en un estilo selectivo, es decir, recibiendo aquello que nos gusta y dejando a un lado lo que no nos satisface. Es probable que otros encuentren más útiles aquellas partes que hemos considerado indeseables, o puede suceder que el mismo miembro vuelva posteriormente a trabajar en alguna de las ideas que antes había rechazado.

Sin embargo, es prudente recordar la tentación de escoger únicamente los postres o las ensaladas o los platos que nos son particularmente apetitosos. Por ello es conveniente recordar también la necesidad de mantener bien balanceada nuestra dieta nutricional.

En nuestro proceso de recuperación del alcoholismo, vimos que necesitábamos una dieta *balanceada* de ideas, aun en el caso de que algunas de ellas no nos gustaran o en principio no nos parecieran tan agradables como otras. Al igual que la buena comida, las buenas ideas no nos hicieron bien hasta cuando hicimos un uso inteligente de ellas. Esto nos conduce a nuestra segunda precaución.

B. *Use su sentido común.* Tenemos que hacer uso de una inteligencia normal y corriente para aplicar las sugerencias que siguen.

Así como cualquiera otra clase de ideas, las sugerencias de este libro pueden ser mal utilizadas. Por ejemplo, veamos la noción de comer dulces. Obviamente, los alcohólicos que sufren de diabetes, obesidad o problemas de azúcar en la sangre deberán encontrar substitutos que no pongan en peligro su salud, pero sin embargo podrán beneficiarse de la *idea* de comer dulces al recuperarse del alcoholismo. (Muchos expertos en nutrición aconsejan como práctica general el comer pasabocas ricos en proteínas en lugar de dulces). Así mismo, no es buena idea el exagerar este remedio. Debemos comer alimentos balanceados adicionalmente a los dulces.

Otro ejemplo es el uso del refrán: "Tómelo con calma". Algunos de nosotros hemos visto que podíamos abusar de esta magnífica noción, convirtiéndola en una excusa para la pereza, el incumplimiento y la desidia. Esa no es, por supuesto, la intención del refrán. Si se aplica adecuadamente puede aliviar muchísimo, pero mal aplicado puede perjudicar nuestra recuperación. Algunos de nosotros lo complementamos así: "¡Tómelo con calma, pero actúe!".

Es muy claro que tenemos que utilizar nuestra propia inteligencia al seguir cualquier consejo. Todos los métodos descritos aquí necesitan ser usados con un buen criterio.

Y una cosa más. A.A. no pretende ofrecer consejos expertos o científicos acerca del problema de la abstención. Lo único que podemos hacer es compartir con usted nuestra experiencia, sin adentrarnos en teorías y explicaciones.

Por consiguiente en estas páginas no se ofrecen técnicas médicas acerca de cómo dejar de beber si usted todavía no lo ha logrado, ni damos secretos milagrosos para acortar o evitar las resacas o malestares subsiguientes.

En ocasiones, la adquisición de la abstención puede lograrse en su propia casa; pero frecuentemente, la bebida prolongada ha causado problemas médicos tan serios que sería mucho mejor buscar la ayuda médica o el internamiento en un hospital para suspender la bebida. Si usted se encuentra enfermo en esa gravedad, es probable que necesite los mencionados servicios profesionales antes de que pueda estar interesado en los métodos que ofrecemos aquí.

Muchos de nosotros que no estábamos tan enfermos, hemos logrado, sin embargo, recuperarnos en compañía de otros miembros de A.A. Y puesto que hemos pasado por esas mismas etapas, podemos ofrecer una ayuda (práctica y sencilla, no técnica) para ayudar a algunos a aliviarse de la miseria y el sufrimiento. Por lo menos, podemos comprenderlos, puesto que hemos sufrido el mismo proceso.

Por ello el tema de este libro es el *no* beber, en vez de dejar de beber. Tratamos acerca de la vida en sobriedad.

Hemos hallado que para nosotros la recuperación *empezó* por no beber, por adquirir la abstención y permanecer completamente libres del alcohol en cualquier cantidad y en cualquier forma. Hemos encontrado también que debemos permanecer alejados de las demás drogas que afectan la mentalidad. Sólo podemos encaminarnos hacia una vida plena y satisfactoria cuando estamos abstemios. La abstención es la plataforma de lanzamiento para nuestra recuperación.

En cierto sentido, este libro trata acerca de la forma de manejar la abstención. (Anteriormente no podíamos manejarla; y por ello bebíamos).

2. EVITAR EL PRIMER TRAGO

Unas expresiones que se oyen constantemente en A.A. son: "Si usted no ingiere el primer trago, nunca se emborrachará" y "Un trago es excesivo, pero veinte pueden no ser suficientes".

Muchos de nosotros, cuando comenzábamos a beber, nunca deseábamos tomar más de una o dos copas. Pero a medida que el tiempo fue pasando, incrementábamos el número. Luego, en años posteriores, nos encontramos bebiendo cada vez más, y algunos de nosotros llegamos a emborracharnos y a permanecer en ese estado durante lapsos considerables. Tal vez nuestra condición no siempre se mostraba en nuestra forma de hablar o nuestra apariencia personal, pero por aquella época nunca estábamos realmente sobrios.

Si ese estado llegaba a molestarnos, podíamos disminuir o cortar del todo, o tratar de limitarnos a una o dos copas, o cambiar del licor fuerte a un licor más suave como cerveza o vino. Por último, tratábamos de limitar la cantidad, buscando en esa forma evitar las borracheras fuertes y desastrosas. O tratábamos de esconder a los demás nuestra situación.

Pero todas esas artimañas se nos fueron haciendo más y más difíciles. Ocasionalmente, llegábamos a interrumpir totalmente el consumo alcohólico, y durábamos algunos días sin beber en absoluto.

Eventualmente, retornábamos a la bebida, siempre pensando en tomar una sola copa. Y puesto que esa copa aparentemente no nos causaba graves perjuicios, nos sentíamos tranquilos y seguros al tomar otro trago. Es probable que con eso nos contentáramos en esa determinada ocasión, y era muy confortante saber que podíamos limitarnos a una o dos copas, y luego suspender. Algunos de nosotros lo hicimos muchas veces.

Pero la experiencia resultó ser engañosa. Nos persuadía de que podíamos beber sin que nos pasara nada malo. Y luego se presentaba la ocasión (alguna celebración especial, una pérdida personal o un evento sin significación particular) cuando dos o tres tragos nos hacían sentir bien, y por consiguiente pensábamos que uno o dos más no nos harían daño. Y sin ninguna intención, en absoluto, nos vimos nuevamente bebiendo en forma exagerada. Volvíamos a estar en la misma situación de antes, bebiendo en abundancia sin desearlo realmente.

Tantas y tan repetidas experiencias nos han forzado a llegar a esta conclusión de lógica indisputable: Si no ingerimos el primer trago, nunca podremos emborracharnos. Por consiguiente, en lugar de planear no volver a beber nunca, o tratar de limitar el número de tragos o la cantidad de alcohol, hemos aprendido a concentrarnos en evitar únicamente una copa: la primera.

En efecto, en lugar de preocuparnos acerca de la limitación del número de tragos al final de un episodio de borrachera, evitamos la primera copa que desencadena esa borrachera.

Suena como algo demasiado simplista y trivial, ¿verdad? Es ahora muy difícil para muchos de nosotros, entender que nunca nos dimos cuenta de esta verdad tan simple antes de ingresar a A.A. (Por supuesto, si hemos de ser francos, nosotros nunca quisimos realmente dejar el alcohol por completo, y sólo vinimos a hacerlo cuando aprendimos acerca del alcoholismo). Pero el punto principal es este: Ahora sabemos muy bien qué es lo que realmente funciona.

En lugar de tratar de imaginarnos cuántos tragos podemos manejar a salvo (¿cuatro? ¿seis? ¿una docena?) recordamos "No tomar esa primera copa". Así de simple. El hábito de pensar en esta forma ha ayudado a centenares de miles de nosotros a permanecer sobrios y abstemios durante muchos años.

Los médicos expertos en alcoholismo nos informan que hay un fundamento médico para evitar la primera copa. Con ese primer trago se aprieta el gatillo, inmediatamente o algún tiempo después, para disparar la compulsión de beber más y más hasta encontrarnos en problemas causados por la bebida. Muchos de nosotros hemos llegado a creer que nuestro alcoholismo es una adicción a la droga alcohol. Al igual que los adictos de cualquier clase de droga que deseen mantener la recuperación, tenemos que alejarnos de la primera dosis de la droga que nos ha esclavizado. Nuestra experiencia parece confirmar esto, como puede usted leer en el libro "Alcohólicos Anónimos" y en nuestras revistas Grapevine y El Mensaje, y puede escucharlo dondequiera que se reúnan miembros de A.A. a compartir sus experiencias.

3. USAR EL PLAN DE LAS 24 HORAS

En nuestros días de bebedores, se nos presentaban frecuentemente épocas tan malas que jurábamos, "nunca más". Hacíamos promesas por términos tan largos como un año, o le prometíamos a alguien que no volveríamos a tocar el licor durante tres semanas, o tres meses. Y por supuesto, ensayamos la abstención y contención completas durante diversos períodos de tiempo.

Eramos absolutamente sinceros cuando expresábamos estas declaraciones con firmeza y convicción. Con todo nuestro corazón, deseábamos no sentirnos borrachos otra vez. Teníamos la determinación absoluta, y jurábamos no volver a beber, pretendiendo alejarnos del alcohol durante un tiempo sumamente largo hasta un futuro indefinido.

Con todo, a pesar de nuestras buenas intenciones, el resultado era casi inevitablemente el mismo. Eventualmente, se desvanecía el recuerdo de los votos y los juramentos, y todo el sufrimiento que los había ocasionado. Volvíamos a beber, y nos encontrábamos de repente envueltos en situaciones muy dificultosas. Nuestra época de abstención, ese "nunca jamás", había sido un tiempo demasiado corto.

Algunos de quienes hicimos ese tipo de promesas, manteníamos una reserva privada: Nos decíamos a nosotros mismos que la promesa de no beber se aplicaba únicamente al "trago fuerte", y no a la cerveza o el vino. En esa forma llegamos a aprender, si era que ya no lo sabíamos, que la cerveza y el vino también podían emborracharnos, y lo único que teníamos que hacer era beber en mayor cantidad para obtener los mismos efectos que nos producían los licores destilados. Tanto daño nos hacían la cerveza o el vino como el que nos causaba el trago fuerte.

Es verdad que otros de nosotros lograron abandonar completamente el alcohol y mantener sus promesas exactamente hasta la fecha que habían fijado como límite. Luego la sequía cedía el paso a una gran inundación de bebida, y se encontraban nuevamente en dificultades, pero en esta ocasión con la carga adicional de una nueva sensación de culpa y remordimiento.

Con tales batallas en nuestro pasado, nosotros los A.A. tratamos de evitar las expresiones "completamente abstemios" y "hacer juramentos". Nos recuerdan todos nuestros fracasos.

Aunque comprendemos muy bien que el alcoholismo es una condición permanente e irreversible, nuestra experiencia nos ha enseñado a no hacer promesas a largo término respecto a permanecer abstemios. Sabemos que es más realista y más exitoso el decir simplemente, "*Sólo por hoy* no voy a beber".

Aun si bebimos ayer, podemos decidir no beber el día de hoy. Puede ser que mañana volvamos a beber. ¿Quién sabe si estaremos vivos? Pero durante *estas* 24 horas, decidimos no beber. No importa cuál sea la tentación o provocación, tenemos la determinación de llegar a cualquier extremo que sea necesario para evitar el beber hoy.

Nuestros amigos y familiares se sienten muy recelosos al escucharnos las promesas de que, "En esta ocasión realmente voy a cumplir". Porque saben que tarde o temprano vamos a llegar nuevamente borrachos a casa. Por esa razón no les prometemos dejar la bebida. Cada uno de nosotros se hace la promesa a sí mismo. Son nuestra salud y nuestra vida las que se encuentran en peligro. Somos nosotros, no nuestros familiares o amigos quienes tenemos la obligación de dar los pasos necesarios para recuperarnos.

Si el deseo de beber es realmente fuerte, muchos de nosotros dividimos las 24 horas en partes más pequeñas. Decidimos no beber durante, digamos, una hora. Podemos soportar la tensión temporal de no beber durante solo una hora; entonces, cuando esa hora pasa nos prometemos resistir otra hora más, y así sucesivamente. Muchos de nosotros empezamos nuestra recuperación en esta forma. De hecho, *cada recuperación del alcoholismo ha comenzado con una hora de abstención.*

Una versión de este sistema es posponer simplemente la (próxima) bebida.

(¿Cómo vamos? ¿Todavía está tomándose su jugo de frutas? ¿Realmente ha pospuesto esa bebida que mencionamos en la página quince? Si así es, éste puede ser el comienzo de su recuperación).

La próxima copa podría obtenerse posteriormente, pero en este instante, la posponemos por lo menos durante el presente dia o momento, digamos por el resto de este capítulo.

El plan de 24 horas es muy flexible. Podemos iniciarlo de nuevo en cualquier momento, y dondequiera que estemos. En el hogar, en el trabajo, en un bar o en una pieza de hospital, a las cuatro de la tarde o a las tres de la mañana, podemos decidir no tomar una copa durante las próximas 24 horas, o cinco minutos.

Si se renueva constantemente, este plan evita la debilidad intrínseca en métodos tales como hacer promesas o juramentos de absten_ión. Un período de continencia y una promesa pueden eventualmente tener algún éxito, tal como se planeó, y por consiguiente nos sentiremos libres para beber de nuevo. Pero el día de hoy siempre está a nuestro alcance. La vida *es* cuotidiana; el día de hoy es todo lo que tenemos; y cualquier persona puede permanecer un día sin beber.

Primero que todo, tratemos de vivir en el presente para permanecer sobrios. Esto funciona maravillosamente. Una vez que la idea se ha convertido en parte vital de nuestra manera de pensar, vemos que la vida en segmentos de 24 horas es también una forma efectiva y satisfactoria para manejar muchos otros asuntos.

4. RECORDAR QUE EL ALCOHOLISMO ES UNA ENFERMEDAD INCURABLE, PROGRESIVA Y FATAL

Muchas personas en el mundo saben que no pueden comer determinados alimentos (ostras, fresas, huevos, pepinos, azúcar o cualquier otra cosa) porque si los consumen, inmediatamente adquieren una sensación muy desagradable y aun pueden llegar a enfermarse.

Una persona que tenga una alergia a las comidas puede vivir sintiéndose permanentemente en estado de autocompasión, quejándose de que le ha sido injustamente negado un placer, y reprochándose constantemente por no serle permitido comer alguna sustancia deliciosa.

Obviamente, aun cuando nos sintamos engañados, no es conveniente ignorar nuestra estructura fisiológica. Si ignoramos nuestras limitaciones, podrían resultar serios desajustes o enfermedades. Para permanecer saludables o razonablemente satisfechos, debemos aprender a vivir con los cuerpos físicos que tenemos.

Uno de los nuevos hábitos mentales que un alcohólico en recuperación puede desarrollar, es la observación calmada de sí mismo como alguien que necesita evitar las substancias químicas (el alcohol y otras drogas sustitutas) si realmente desea mantener una buena salud.

Tenemos la prueba de nuestros propios días de bebedores, que suman centenares de millares de años-hombre, para totalizar una gran cantidad de bebida. Sabemos que, a medida que los años de bebedores iban pasando, nuestros problemas relacionados con la bebida continuamente se empeoraban. El alcoholismo es progresivo.

Claro está que muchos de nosotros tuvimos períodos en los cuales, durante varios meses o aun años, llegamos a pensar que habíamos logrado encauzar en alguna forma nuestra manera de beber. Nos parecía que éramos capaces de mantener un fuerte consumo de alcohol en forma razonablemente segura. O aún podíamos permanecer abstemios durante largo tiempo, con borracheras muy ocasionales, y la bebida aparentemente no se iba empeorando, hasta donde podíamos ver. No sucedía nada horrible o dramático.

Sin embargo, ahora podemos ver que, a corto o a largo alcance, nuestro problema alcohólico inevitablemente se fue volviendo cada vez más serio.

Algunos médicos expertos en alcoholismo nos dicen que no existe ninguna duda acerca del hecho de que el alcoholismo se va volviendo cada vez peor a medida que la persona va envejeciendo. (¿Conoce usted a alguien que *no esté* envejeciendo?).

También estamos convencidos, después de los innumerables intentos que hicimos de probar lo contrario, que el alcoholismo es incurable, así como algunas otras enfermedades. No puede "curarse" en el sentido de que no podemos cambiar nuestra química corporal para regresar al estado de bebedores normales y moderados, bebedores sociales que tantos de nosotros fuimos durante nuestra juventud.

Algunos de nosotros explican esta situación gráficamente diciendo que nos es tan imposible volver a nuestro estado inicial como lo es para una uva pasa volver a ser uva. Ninguna clase de tratamiento médico o siquiatra ha "curado" a nadie del alcoholismo.

Más aún, habiendo observado a miles de alcohólicos que no dejaron de beber, estamos firmemente convencidos de que el alcoholismo es una enfermedad fatal. No sólo hemos visto a muchos alcohólicos bebiendo hasta su muerte, muriendo durante los síntomas de abstención, del delirium tremens, las convulsiones, la cirrosis del hígado y enfermedades directamente relacionadas con el alcohol, sino que también sabemos que muchas muertes que no son oficialmente atribuidas al alcoholismo, son causadas por esa enfermedad. Frecuentemente, cuando se da como causa inmediata de la muerte un accidente automovilístico o ahogamiento, o suicidio, o un homicidio, o un ataque al corazón, o un incendio, o neumonía o infarto, fue un consumo alcohólico exagerado la causa que condujo a la condición o evento fatal.

Ciertamente, la mayoría de nosotros en A.A. nos sentíamos completamente alejados de tales calamidades cuando bebíamos. Y probablemente la mayoría de nosotros nunca alcanzó a llegar a los horribles estados finales del alcoholismo crónico.

Pero nos dimos cuenta que *podríamos* llegar si continuábamos bebiendo. Si usted se sube a un bus cuyo itinerario alcanza a una ciudad que está a miles de kilómetros, llegará a esa ciudad, a menos que se apee durante el camino y se mueva en otra dirección.

Muy bien, pero ¿qué puede hacer usted si sabe que tiene una enfermedad incurable, progresiva y fatal, ya sea que se trate del alcoholismo o de alguna otra, como un cáncer o una afección cardíaca?

Muchas personas simplemente niegan esa verdad, ignoran su condición, no aceptan el tratamiento, sufren, y mueren.

Pero existe otra forma de encarar el problema.

Usted puede aceptar el "diagnóstico", persuadido por su doctor, sus amigos o usted mismo. Luego, averiguar qué puede hacerse, si es que hay algo, para mantener "controlada" esa condición, de manera que pueda vivir todavía muchos años felices, productivos y saludables, mientras y siempre y cuando que usted tome las debidas precauciones. Usted reconoce plenamente la seriedad de su condición, y lleva a cabo todos los puntos necesarios para alcanzar una vida saludable.

Esto, tal como se ha demostrado, es sorprendentemente fácil respecto al alcoholismo, si usted realmente desea la recuperación. Y puesto que nosotros los A.A. hemos aprendido a gozar tanto de la vida, realmente deseamos recuperarnos y permanecer en buen estado.

Tratamos de no perder nunca de vista el hecho imperturbable, inmodificable de nuestro alcoholismo, pero también aprendemos a no meditar demasiado o preocuparnos excesivamente por nosotros mismos, o hablar acerca de eso todo el tiempo. Lo aceptamos como una característica de nuestro cuerpo, así como hemos aceptado nuestra estatura, nuestra necesidad de anteojos o cualquier alergia que podamos tener.

Luego hacemos lo posible confortablemente (no en forma amarga) con ese conocimiento, mientras empezamos por evitar simplemente esa *primera* copa sólo por hoy.

Un miembro de A.A. que es ciego, dijo que su alcoholismo es muy similar a su ceguera. "En el momento en que yo acepté la pérdida de mi vista, y tomé el entrenamiento de rehabilitación que me fue ofrecido, descubrí que yo puedo ir a todas partes en forma segura, con la ayuda de mi bastón o de mi perro, siempre y cuando no se me olvide o trate de ignorar el hecho de que soy ciego. Pero cuando no actúo con el conocimiento de que me es imposible ver, se me presentan las dificultades y en ocasiones llego a sufrir heridas".

"Si usted desea recuperarse", dijo una mujer miembro de A.A., "lo único que debe hacer es tomar su tratamiento, seguir las direcciones y continuar viviendo. Es muy fácil siempre y cuando recuerde los nuevos hechos que sabe acerca de su salud. ¿Quién tiene tiempo para sentirse "deprimido" o autocompadecerse cuando encuentra que hay tantos placeres conectados con una vida feliz y sin el temor de la propia enfermedad?".

En resumen: Recordamos que tenemos una enfermedad incurable, potencialmente fatal que se llama alcoholismo. Y en lugar de continuar bebiendo, preferimos buscar y utilizar las formas más agradables de vida sin alcohol.

No tenemos por qué avergonzarnos de padecer esa enfermedad. No es una desgracia. Nadie sabe exactamente por qué algunas personas se convierten en alcohólicos mientras otras no alcanzan ese estado. No es culpa nuestra. Nosotros no *queríamos* convertirnos en alcohólicos; ni *tratamos* de adquirir esta enfermedad.

No padecimos de alcoholismo porque nos gustara, después de todo. No establecimos deliberada y maliciosamente los hechos de los cuales posteriormente nos sentimos avergonzados. Los hicimos contra nuestro mejor juicio e instinto porque estábamos realmente enfermos, y ni siquiera lo sabíamos.

Hemos aprendido que no se deriva ningún bien de la lamentación inútil y la preocupación acerca de la forma como nos convertimos en alcohólicos. El primer paso hacia una sensación de bienestar, hacia la recuperación de nuestra enfermedad, es simplemente no beber.

Ensaye esta idea. ¿No sería preferible para usted el reconocer que tiene una condición de salud que puede tratarse exitosamente, que gastar una cantidad de tiempo preocupándose miserablemente acerca de lo que está mal en usted? Hemos visto que ésta es una pintura de nosotros mismos, de mejor apariencia y de mayor sensación, que la antigua representación triste que acostumbrábamos ver. Y es mucho más real, además. Esto lo sabemos. La prueba de ello está en la forma en que ahora nos sentimos, actuamos y pensamos. Quienquiera que lo desee puede tomar "un período de ensayo" de este nuevo concepto de sí mismo. Posteriormente, quienquiera que desee regresar a sus viejos días tiene la completa libertad para empezarlos de nuevo. Usted tiene el pleno derecho de volver a tomar su miseria si realmente la desea.

Por otra parte, usted puede mantener esta nueva imagen de sí mismo, si la prefiere. Esto también le corresponde por derecho.

5. "VIVIR Y DEJAR VIVIR"

El antiguo proverbio "Vivir y dejar vivir" parece un lugar tan común, que es muy fácil que se pierdan sus valores. Naturalmente, una de las razones por las cuales se diga una y otra vez durante tantos años es que ha probado ser muy benéfico de muchas maneras distintas.

Nosotros los A.A. damos algunos usos especiales a ese refrán para ayudarnos a no beber. Particularmente nos ayuda a llevarnos bien con las personas que alteran nuestros nervios.

Reviviendo una vez más una pequeña parte de nuestras historias de bebedores, muchos de nosotros podemos ver cómo muy frecuentemente nuestro problema alcohólico estaba relacionado en una u otra forma con las demás personas. El experimentar con vino o cerveza en nuestros años de secundaria parecía natural, puesto que tantos otros lo estaban haciendo, y nosotros queríamos lograr su aprobación. Luego vinieron las bodas, las celebraciones, los bautizos, las fiestas, los partidos de fútbol y los cocteles y los almuerzos de negocios, y la lista puede seguir indefinidamente. En todas esas circunstancias, bebimos por lo menos parcialmente, porque todos los demás estaban bebiendo y se esperaba que también nosotros lo hiciéramos.

Aquellos de nosotros que empezamos a beber solos, o a tomar subrepticiamente una copa de vez en cuando, frecuentemente lo hicimos para evitar que otras personas o gentes supieran la cantidad y frecuencia en que estábamos bebiendo. Muy raramente queríamos escuchar que alguien hablara de nuestra forma de beber. Si lo hacían, generalmente les dábamos razones de nuestro comportamiento, como si quisiéramos guardarnos de la crítica o de las quejas.

Algunos de nosotros después de beber nos volvíamos peleadores y beligerantes con los demás. Con todo, otros de nosotros se sentían mucho mejor en medio de la gente después de apurar una o dos copas, ya se tratase de una reunión social, una tensa entrevista de negocios o trabajo, o aun haciendo el amor. Nuestra forma de beber ocasionó que muchos de nosotros escogiéramos nuestros amigos en relación con la cantidad que ellos a su vez ingerían. Aún llegamos a cambiar de amigos cuando creíamos que los "sobrepasábamos" en sus tragos. Preferíamos "bebedores reales" a la gente que únicamente se tomaba uno o dos tragos, y tratábamos de evitar por completo a los abstemios.

Muchos de nosotros nos sentíamos airados o acomplejados respecto a la forma en que nuestra familia reaccionaba a nuestra bebida. Algunos de nosotros perdimos trabajos porque el jefe o uno de nuestros colegas de trabajo se oponía u objetaba nuestra bebida. Queríamos que la gente se preocupara por sus propios problemas y nos dejara a nosotros con los nuestros.

Frecuentemente, nos sentíamos airados o temerosos aun de las personas que no nos habían criticado. Nuestra sensación de culpa nos hacía ultrasensibles con todos los que nos rodeaban, y alimentábamos resentimientos. En ocasiones, cambiábamos de bar, trabajo o vecindario con el único objeto de evitar vernos con determinadas personas.

Así que un gran número de personas además de nosotros mismos, estaba en una u otra forma involucrada en nuestra bebida, hasta cierto grado.

Cuando dejamos de beber, fue para nosotros un gran alivio encontrar que las personas que conocimos en A.A., alcohólicos recuperados, parecían ser muy diferentes. Reaccionaban hacia nosotros, no con crítica y sospecha, sino comprensivamente y con sincera preocupación.

Sinembargo, es perfectamente natural que todavía encontremos algunas personas que alteran nuestros nervios, tanto dentro como fuera de A.A. Podemos hallar que nuestros amigos no A.A., compañeros de trabajo o miembros de la familia, todavía nos tratan como si estuviéramos bebiendo. (Puede tomarles algún tiempo el darse cuenta de que nosotros hemos suspendido *realmente*. Después de todo, ellos nos han visto dejar la bebida muchas veces en el pasado, para luego recaer).

Para empezar a poner en práctica el concepto "Vivir y dejar vivir", debemos encarar este hecho: Hay personas en A.A., y en todas partes, que dicen cosas con las que nosotros no estamos de acuerdo, o hacen cosas que no nos gustan. El aprender a vivir con las diferencias es esencial para nuestra comodidad. Es exactamente en esos casos cuando hemos encontrado la extrema utilidad de decirnos a nosotros mismos, "Vivir y dejar vivir".

De hecho, en A.A. se da mucho énfasis a aprender a tolerar la conducta de los demás. No importa cuán ofensivos o desagradables nos parezcan, ciertamente no vale la pena que nos pongamos a beber por ellos. Nuestra propia recuperación es demasiado importante. El alcoholismo puede matarnos y a veces lo hace. Esto tenemos que recordarlo permanentemente.

Hemos comprendido que vale la pena hacer un esfuerzo muy especial para tratar de entender a las otras personas, especialmente aquellas que nos mortifican. Para nuestra propia recuperación, es mucho más importante comprender que ser comprendido. Esto no es muy difícil si llevamos en mente la idea de que los otros miembros de A.A. están también tratando de comprender, como nosotros lo estamos.

Si a eso vamos, también encontraremos algunas personas en A.A., o en otros lugares, a quienes nosotros no les seremos particularmente agradables. Por eso todos nosotros tratamos de respetar los derechos de los demás para actuar en la forma que escojan o puedan. Y podemos esperar que ellos nos den a nosotros el mismo tratamiento. En A.A. generalmente lo hacen.

Usualmente, las gentes que se buscan unas a otras en un vecindario, una compañía, un club, o en A.A., gravitan hacia los demás. Cuando invertimos el tiempo con personas que nos son agradables, nos sentimos menos afectados por aquellas que no se preocupan particularmente por nosotros.

A medida que el tiempo pasa, vemos que ya no nos atemoriza alejarnos de las personas que nos irritan, en vez de permitirles cobardemente que se introduzcan en nuestras vidas, o en vez de tratar de acondicionarlas para que se ajusten mejor a nuestra idiosincrasia.

Ninguno de nosotros puede recordar a alguien que haya intentado forzarnos a beber alcohol. Nadie nos amarró para vaciar el licor en nuestras gargantas. Así como nadie nos obligó físicamente a beber, ahora tratamos de asegurarnos de que nadie nos obligue mentalmente a beber, tampoco.

Es muy fácil utilizar las actuaciones de otras personas como excusas para beber. Nosotros solíamos ser expertos en eso. Pero en la sobriedad, hemos aprendido una nueva técnica: No nos permitimos llegar a un estado tal de resentimiento hacia otra persona que deje que esa persona controle nuestras vidas, especialmente hasta el grado de causarnos que volvamos a beber. Hemos encontrado que no tenemos el deseo de permitirle a nadie que maneje, o arruine nuestras vidas.

Una antigua leyenda decía que ninguno de nosotros debería criticar a otro hasta cuando hubiésemos caminado un kilómetro con los zapatos de esa persona. Este sabio consejo nos puede dar una mayor comprensión de los seres humanos que son nuestros semejantes. El ponerlo en práctica nos hace sentir mucho mejor que cuando estamos irritados.

"Dejar vivir", sí. Pero algunos de nosotros creemos que es de mucho valor la primera parte del refrán: "Vivir".

Cuando hemos encontrado las formas de gozar completamente *nuestra propia* vida, tenemos la felicidad de dejar que los demás vivan en la forma que deseen. Si nuestras propias vidas son interesantes y productivas, realmente no tenemos impulso o deseo de hallar las faltas en los demás o preocuparnos de la forma como actúan.

¿Puede usted pensar en este preciso instante en alguien que realmente le molesta? Si es así, ¿por qué no ensaya algo? Posponga el pensar acerca de él o ella o cualquier cosa que sea lo que a usted le molesta de esa persona. Después, si así lo desea, puede explotar. Pero por ahora, ¿por qué no lo deja a un lado mientras lee el párrafo siguiente?

¡Viva! Preocúpese por su propia vida. En nuestra opinión, el permanecer sobrio abre la puerta hacia una vida de felicidad. Vale la pena sacrificar muchos resentimientos y peleas... Muy bien, si usted no puede lograr alejar completamente su mente de esa persona, veamos cuánta ayuda le puede proporcionar la siguiente sugerencia.

6. PONERSE EN ACTIVIDAD

Es muy difícil sentarse calmadamente a tratar de no hacer una determinada cosa, o aun de no pensar acerca de ella. Es mucho más fácil ponerse en actividad y hacer alguna otra cosa, diferente del acto que estamos tratando de evitar.

Lo mismo sucede con la bebida. El tratar simplemente de evitar la bebida, o no pensar en ella, por sí mismo no parece ser suficiente. Mientras más pensemos acerca del trago, del cual estamos tratando de alejarnos, más ocupará nuestra mente, por supuesto. Y eso no es bueno. Es mucho mejor ocuparse en algo, cualquier cosa que sea, que absorba nuestra mente y canalice nuestra energía hacia la salud. Miles de nosotros nos preguntábamos qué íbamos a hacer cuando dejáramos de beber, teniendo disponible tanta cantidad de tiempo. Claro que, cuando logramos parar, todas aquellas horas que anteriormente gastábamos planeando, consiguiendo nuestra bebida o bebiendo o recuperándonos de sus efectos inmediatos, se nos presentaron de repente como huecos de tiempo grandes y vacíos que teníamos que llenar de alguna manera.

Casi todos nosotros teníamos que trabajar. Pero aún así, había varios espacios largos y vacantes de minutos y de horas en los cuales no encontrábamos nada que hacer. Necesitábamos conseguir nuevos hábitos o actividad para llenar esos espacios abiertos y utilizar la energía nerviosa que previamente era absorbida por nuestra preocupación o nuestra obsesión por la bebida.

Cualquiera que haya intentado alguna vez modificar un hábito sabe que es mucho más fácil encontrar una actividad nueva y sustitutiva que dejar el antiguo hábito sin colocar nada en su lugar.

Los alcohólicos recuperados dicen frecuentemente que "El solo dejar la bebida no es suficiente". Simplemente *no beber* es una cosa estéril y negativa. Esto está claramente demostrado por nuestra experiencia. Para mantenernos abstemios, hemos encontrado que necesitamos colocar un programa positivo de acción en el lugar que antes ocupaba la bebida. Hemos tenido que aprender a *vivir* en sobriedad.

Es probable que el temor nos haya empujado a algunos de nosotros hacia la consideración de alguna eventual posibilidad de que pudiéramos tener un problema de bebida. Y durante algún corto período, ese solo temor ha sido suficiente para alejarnos del licor. Pero un estado de temor no es feliz ni descansado como para mantenerlo durante mucho tiempo. Por consiguiente tratamos de desarrollar un saludable respeto por el poder del alcohol, en vez de atemorizarnos por él, así como la gente tiene un saludable respeto por el cianuro, el yodo o cualquier otro veneno. Sin necesidad de vivir constantemente preocupados por esos venenos, la mayoría de las personas respetan lo que ocasionan en el cuerpo humano, y tienen el suficiente sentido como para no ingerirlos. Nosotros en A.A. mantenemos el mismo conocimiento y el mismo cuidado, respecto al alcohol. Pero naturalmente, se basa en una experiencia de primera mano, y no en el simple respeto que ocasionan una calavera y unos huesos pintados en una etiqueta.

Ya que no podemos confiar en el miedo para que nos acompañe durante esas horas vacías en que tratamos de no beber, ¿qué podemos hacer entonces?

Hemos encontrado que hay muchas clases de actividad útiles y provechosas, algunas más que otras. Presentamos aquí dos de ellas, en el orden de su eficacia tal como las hemos experimentado.

A. *Actividad dentro de A.A.*

Cuando los miembros experimentados de A.A. dicen que han encontrado la utilidad de mantenerse activos en su proceso de recuperación del alcoholismo, generalmente quieren significar que se han puesto en actividad en y alrededor de A.A.

Si usted lo desea, puede empezar a hacerlo aun antes de decidir si quiere o no convertirse en un miembro de A.A. No necesita ni el permiso ni la invitación de nadie.

De hecho, antes de que usted tome una decisión acerca de su problema de bebida, sería una magnífica idea que gastara algún tiempo observando nuestra agrupación. No se preocupe, el sentarse para observar las reuniones de A.A. no lo convierte a usted en alcohólico o en miembro de A.A., así como el sentarse en un gallinero no lo convierte en gallina. Usted puede perfectamente asistir como a un ensayo general de A.A., antes de decidirse acerca de su afiliación.

Las actividades que frecuentemente utilizamos al principio en A.A. pueden parecer muy triviales, pero los resultados demuestran ser invaluables. Podríamos llamar estas cosas "rompe hielos", porque logran que nos sintamos a gusto entre gentes que no conocemos.

Cuando terminan las reuniones de A.A., usted verá generalmente que algunos de los presentes empiezan a organizar el salón, vaciar ceniceros, arreglar las sillas, encargándose de limpiar los utensilios usados para el café y las gaseosas.

Unase a esas personas. Se verá sorprendido por el efecto que pueden ejercer sobre usted estas pequeñas rutinas. Usted puede ayudar a lavar las tazas y platos del café, guardar la literatura o limpiar el piso.

El ayudar con esas pequeñas y fáciles tareas físicas *no* quiere decir que usted sea el celador o conserje del grupo. Nada de eso. Por los años que llevamos haciéndolo y observando a nuestros compañeros que lo hacen, sabemos que prácticamente todas las personas actualmente recuperadas en A.A., han tomado sus turnos en esos detalles menores de limpieza, organización y cuidado general del grupo. Los resultados que hemos sentido al efectuar esas tareas son concretos, benéficos y usualmente sorprendentes.

En realidad, muchos de nosotros empezamos a sentirnos cómodos dentro de A.A., solamente cuando empezamos a ayudar con esos simples actos. Y nos sentimos más en confianza, y mucho más alejados de la bebida o del recuerdo de ella, cuando aceptamos alguna responsabilidad pequeña pero específica en forma regular, tal como conseguir los refrescos, ayudar a prepararlos y servirlos, estar pendiente de recibir a las personas recién llegadas, formar parte del comité de hospitalidad, o simplemente ejecutar tareas que tenían que hacerse. Simplemente observando a los demás miembros del grupo, usted se dará cuenta de qué se necesita para alistar las reuniones de A.A., y para arreglar la sala después de ellas.

Nadie *tiene* la obligación de hacer tales cosas, por supuesto. En A.A., a nadie se le pide que haga o deje de hacer. Pero estos deberes simples, baladíes, y la promesa que nos hacemos a nosotros mismos de cumplirlos fielmente han tenido efectos inesperadamente buenos en muchos de nosotros, y todavía lo logran. Con ello se le da algún cuerpo real a nuestra sobriedad.

A medida que usted permanece dentro de un grupo de A.A., podrá observar otras tareas que necesitan efectuarse. Escuchará al secretario dar los avisos y verá al tesorero hacerse cargo del sombrero de las contribuciones. El servir en una de esas funciones, una vez que usted haya adquirido algún período de sobriedad (90 días, en la mayoría de los grupos), es una magnífica manera de ocupar parte del tiempo que antes utilizaba para beber.

Cuando este tipo de "trabajos" le interese, valdría la pena que diera un vistazo al folleto "El Grupo de A.A.". Allí se explica qué es lo que hacen los "funcionarios" de grupo, y cómo son elegidos.

En A.A., nadie está ni por "encima" ni por "debajo" de los demás. No hay clases, ni estratos ni jerarquías entre los miembros. No hay funcionarios formales, ni tienen ninguna clase de poder, gobierno o autoridad. A.A. no es una organización en el sentido ordinario de la palabra. En vez de eso, es una comunidad de iguales. Todos nos llamamos unos a otros por el nombre de pila. Los miembros se turnan para llevar a cabo los servicios que necesita el grupo para poder funcionar y reunirse.

No se necesita experiencia o educación profesional particular. Aun en el caso de que usted no haya sido coordinador o presidente o secretario de ninguna entidad, verá, como lo hemos hecho nosotros, que dentro del grupo de A.A., esos servicios son muy fáciles de cumplir y que obran maravillas en nosotros, pues constituyen un fuerte respaldo para nuestra recuperación.

Veamos ahora el segundo tipo de actividad que nos ayuda a mantenernos alejados de la bebida.

B. *Actividad no relacionada con A.A.*

Es muy curioso, pero cierto, que algunos de nosotros cuando dejamos de beber, al principio parecemos experimentar una especie de falla temporal de la imaginación.

Es muy curioso, porque durante nuestros días de bebedores, muchos de nosotros exhibíamos poderes imaginativos casi increíblemente fértiles. En menos de una semana, podíamos inventarnos instantáneamente más razones (¿o excusas?) para beber, que aquellas que usa la mayor parte de la gente para otros propósitos en el transcurso de toda su vida. (Incidentalmente, es una buena fórmula práctica el saber que los bebedores normales, es decir los no alcohólicos, ¡nunca necesitan justificaciones particulares para beber o para no beber!).

Cuando ya no tenemos necesidad de darnos excusas a nosotros mismos para poder beber, nos parece que nuestras mentes entran en un estado de neblina. ¡Algunos de nosotros parece que no pudiéramos pensar en cosas no alcohólicas por hacer! Tal vez esto se deba a que estamos totalmente desentrenados. O tal vez la mente necesita un período de convalecencia descansada después de que cesa el alcoholismo activo. En cualquier caso, esa apatía se desvanece. Después de nuestro primer mes de abstención, muchos de nosotros notamos una gran diferencia. Después de tres meses, nuestras mentes parecen aun más claras. Y durante nuestro segundo año de recuperación, el cambio es sorprendente. Parece que tenemos mucha más energía mental disponible que la que hemos tenido previamente.

Pero es durante aquellos días aparentemente interminables del primer período de abstención cuando usted escuchará que algunos de nosotros decimos, "¿Qué podemos hacer?".

La lista siguiente se da solo para empezar en esa época. No es muy excitante, pero cubre las clases de actividad que muchos de nosotros hemos utilizado para llenar nuestras primeras horas de ocio cuando no estábamos en nuestra ocupación habitual o con otras personas no bebedoras. Sabemos que funcionan. Nosotros hicimos cosas tales como:

1. Caminar especialmente a lugares distintos, o en parques, o en el campo. Caminatas lentas y apacibles, no marchas fatigosas.

2. Leer, aunque muchos de nosotros nos cansábamos muy pronto cuando tratábamos de leer algo que requiriese demasiada concentración.

3. Asistir a museos y galerías de arte.

4. Hacer ejercicio; natación, atletismo, yoga y otras formas de deporte aconsejadas por el médico.

5. Poner manos a la obra en aquellas tareas abandonadas, tales como limpiar el desván, arreglar nuestros papeles, contestar cartas, colgar cuadros, o algo por el estilo que hemos venido posponiendo.

Hemos visto que es muy importante, sin embargo, que *no exageremos* ninguna de estas actividades. Programar la limpieza de todos los closets, de todo el desván, o el garaje o el apartamento, parece simple. Sin embargo, después de un día de ardua labor física en ellos, podemos terminar exhaustos, sucios, sin acabar la tarea y desanimados. Por ello nuestro consejo es el siguiente: trate de elaborar un plan que pueda llevarse a cabo. Empiece, no por organizar toda la cocina o todos los archivos, sino un estante o un folder o una carpeta. Continúe otro día con la tarea restante.

6. Ensayar un nuevo hobby o entretención, nada que sea costoso o demasiado exigente, sino una diversión agradable en la cual usted no necesite ganar o competir, sino que pueda disfrutar de algunos momentos de placer y tranquilidad. Muchos de nosotros hemos escogido hobbies con los cuales no habíamos soñado antiguamente, tales como bridge, costura, ópera, peces tropicales, carpintería, tejidos, béisbol, escritura, canto, crucigramas, cocina, observación de pájaros, teatro, artesanía en cuero, jardinería, navegación, guitarra, cine, bailes, colecciones, etc. Muchos de nosotros hemos hallado que ahora gozamos realmente con cosas que antes ni siquiera considerábamos.

7. Reanudar un antiguo pasatiempo, excepto el que usted

ya sabe. Tal vez, guardado quién sabe dónde, haya una caja de acuarelas que usted no ha tocado durante muchos años, o un juego de herramientas, un acordeón, un equipo de ping-pong, una colección de discos o el bosquejo para una novela. Para algunos de nosotros, ha sido muy importante escarbar aquellas cosas guardadas, y reanudar nuestro contacto con ellas. Si usted decide que ya no desea seguir con esas ideas, no vacile en desecharlas.

8. Tomar un curso. ¿Ha deseado usted alguna vez poder hablar swahili o ruso? ¿Aprender historia o matemáticas? ¿Arqueología o antropología? Casi en todas partes pueden conseguirse cursos por correspondencia, instrucción por la televisión o la radio, clases para adultos (no necesariamente con objetivos académicos) y que usted podría tomar. ¿Por qué no ensaya? Nosotros hemos visto que un curso de esos no sólo puede añadirle una nueva dimensión a la vida, sino en ocasiones conducirnos a una carrera totalmente diferente.

Si el estudio se convierte en algo pesado, no vacile tampoco en abandonarlo. Usted tiene el derecho de cambiar sus decisiones y abandonar algo que no vale la pena el esfuerzo necesario. A veces es necesario tener el valor para quitarse de las cosas que no nos convienen, que no añaden facetas nuevas, positivas y agradables a nuestra vida.

9. Ofrecerse de voluntario para prestar servicios útiles. Muchos hospitales, orfanatos, iglesias y otras instituciones y organizaciones necesitan urgentemente personas voluntarias para toda clase de actividades. La selección es muy amplia, ya que usted puede desde leer para un ciego o sellar sobres para la correspondencia de su iglesia, hasta conseguir firmas para memoriales políticos. Pregunte en el hospital, iglesia, agencia gubernamental o club cívico de su localidad para que le informen qué clase de servicios voluntarios necesitan en su comunidad. Hemos visto que nos sentimos mucho mejor acerca de nosotros mismos cuando contribuímos con algún pequeño servicio para el beneficio de nuestros semejantes. El solo acto de investigar las posibilidades de prestar uno de esos servicios es por sí mismo muy interesante e informativo.

10. Hacer algo acerca de nuestra apariencia personal. Muchos de nosotros nos dejamos abandonar demasiado. Un corte de cabello, algunos vestidos nuevos, tal vez unos anteojos o aun el arreglo de nuestra dentadura pueden tener efectos maravillosos. En ocasiones, hemos intentado hacer algo a ese respecto, y los meses subsiguientes al comienzo de nuestra abstención parecen ser una buena época para preocuparnos por eso.

11. ¡Ensayar algo totalmente frívolo! No todo lo que hacemos tiene que ser un esfuerzo dirigido hacia el mejoramiento personal, aunque siempre tales esfuerzos son valiosos y nos proporcionan un alza en nuestra propia estimación. Muchos de nosotros creemos que es importante equilibrar los temas serios con las cosas que hacemos por pura diversión. ¿Le gusta a usted el deporte?. ¿Los zoológicos? ¿El chicle? ¿Las películas de los Hermanos Marx? ¿Las lecturas de ciencia ficción o las historietas de detectives? Si no es así, busque a otra actividad no alcohólica con la cual sienta agrado y diviértase en seco. Usted se lo merece.

12. Llene este espacio usted mismo. Esperamos que la lista que le hemos dado le abra alguna idea diferente de todas las que le hemos enunciado . . . ¡Si es así, magnífico! Proceda.

Unas palabras de precaución. Muchos de nosotros sabemos que tenemos la tendencia a exagerar y ensayar demasiadas cosas al mismo tiempo. Tenemos para eso un buen remedio, que usted podrá leer en la página 71. Se llama "Tómelo con calma".

7. USAR LA ORACION DE LA SERENIDAD

Sobre las paredes de miles de salones de reunión de A.A., en alguno de por lo menos cinco idiomas, puede verse esta invocación:

> *Dios, concédenos serenidad para aceptar*
> *las cosas que no podemos cambiar,*
> *valor para cambiar las cosas que podemos,*
> *y sabiduría para reconocer la diferencia.*

A.A. no originó esta oración. Parece que durante muchos siglos se han usado diferentes versiones de ella en varias confesiones religiosas, y en la actualidad es ampliamente usada fuera de A.A., tanto como dentro de la comunidad. Bien sea que pertenezcamos a esta o a aquella iglesia, que seamos humanistas, agnósticos, ateos, la mayoría de nosotros hemos encontrado en esas palabras una guía maravillosa para adquirir la sobriedad, mantenernos sobrios y gozar de nuestra sobriedad. Ya sea que miremos la Oración de la Serenidad como una oración real o simplemente como un ferviente deseo, nos ofrece la fórmula simple para adquirir una vida emocional saludable.

Hemos colocado al principio de la lista de "las cosas que no podemos cambiar", nuestro alcoholismo. No importa lo que hagamos, sabemos muy bien que mañana no vamos a amanecer no-alcohólicos, así como tampoco seremos diez años más jóvenes, o veinte centímetros más altos.

No pudimos cambiar nuestro alcoholismo. Pero tampoco dijimos débilmente, "bueno, ya que soy un alcohólico, tendré que resignarme a beber hasta que muera". Había algo que *podíamos* cambiar. No necesitábamos ser alcohólicos borrachos. Podíamos convertirnos en alcohólicos abstemios. Es verdad que para eso se necesitaba valor. Y necesitábamos también un toque de *sabiduría* para ver que era una tarea posible, que podíamos cambiarnos a nosotros mismos.

Para nosotros, esa fue solamente la primera y más obvia utilización de la Oración de la Serenidad. Mientras más nos alejamos de la última copa, mayor significado y mayor hermosura adquieren esas pocas líneas. Podemos aplicarlas a situaciones cuotidianas, del tipo que antes utilizábamos para evadirnos dentro de la botella.

Por vía de ejemplo: "Odio este trabajo. ¿Tengo qué seguir en él, o puedo renunciar?". Un poco de sabiduría nos dice: "Bien, si renuncio es probable que pase un tiempo difícil las próximas semanas o meses, pero si tengo la decisión suficiente para afrontarlo, 'el valor para cambiar', yo creo que podría hacer un mejor papel en otra parte".

O la respuesta podría ser: "Bueno, encaremos esta situación. Ya no es la época para que yo empiece a buscar trabajo, máxime teniendo una familia que mantener. Además, solo tengo seis semanas de abstención, y mis amigos de A.A. dicen que es mejor no empezar tan pronto a hacer cambios drásticos en la vida, es preferible que me concentre en no beber esa primera copa, y que espere hasta cuando tenga mi cabeza totalmente clara y lúcida. Está bien, yo no puedo cambiar este trabajo por ahora. Pero tal vez pueda cambiar mi propia actitud. Veamos. ¿Cómo lograré aceptar serenamente este trabajo?".

La palabra "serenidad" parecía una meta casi imposible cuando escuchamos por primera vez la oración. En realidad, si por serenidad entendíamos la apatía, o una resignación amarga, o una tolerancia difícil, entonces no era algo apetecible en sí mismo. Pero vimos que la serenidad no significaba tal cosa. Cuando nos llega a nosotros ahora, es más en forma de un pleno reconocimiento, una manera realista y lúcida de ver el mundo, acompañada por la paz y fortaleza interiores. La serenidad es como el giróscopo que nos permite mantener el equilibrio a pesar de las turbulencias que se agitan a nuestro alrededor. Y ese sí es un estado de ánimo por el cual vale la pena luchar.

8. CAMBIAR LAS ANTIGUAS RUTINAS

Algunos acontecimientos especiales, lugares familiares, y actividades regulares asociadas con la bebida, han permanecido estrechamente entretejidos en el devenir de nuestras vidas.

Así como la fatiga, el hambre, la soledad, la ira y la elación exágerada, esas antiguas rutinas resultan ser trampas muy peligrosas para la sobriedad.

Cuando suspendimos por primera vez la bebida, muchos de nosotros creímos útil revisar los hábitos que rodeaban a nuestra forma de beber, y dondequiera que fuese posible, cambiar muchos de los pequeños eventos conectados con la bebida.

Por ejemplo: muchos que solían empezar el día con un trago en el cuarto de baño, ahora se dirigen a la cocina a tomar un café. Algunos de nosotros cambiamos el orden de las cosas que hacíamos para preparar el día, como desayunar antes del baño y de vestirnos, o viceversa. Un cambio en la marca de dentífrico y enjuague bucal (y con éste hay que tener cuidado respecto al contenido alcohólico) nos dio un sabor fresco y diferente para empezar el día. Tratamos de hacer un poco de ejercicio o algunos momentos de plácida contemplación o meditación antes de sumergirnos en el día.

Muchos de nosotros también aprendimos a buscar una nueva ruta al abandonar nuestra casa por la mañana, evitando pasar por algún sitio que tuviera algún significado alcohólico especial. Algunos han cambiado el auto para viajar en tren, o el ferrocarril por la bicicleta, o el bus por la caminata. Otros viajan en una línea de buses diferente de la que acostumbraban.

Bien fuese que nuestra bebida se iniciaba en el vagón-restaurante del tren, en la tienda de la esquina, en la cocina, el club campestre o el garaje, todos nosotros podemos localizar muy exactamente cuál es nuestro local favorito. Ya sea que se trate de un bebedor periódico o de un bebedor consuetudinario, cada uno de nosotros sabe por sí mismo cuáles son los días, las horas y las ocasiones que han estado más frecuentemente asociadas con nuestras borracheras.

Cuando usted desea no beber, puede ayudarle el cambiar todas esas rutinas y establecer un nuevo esquema realmente distinto. Hay amas de casa, por ejemplo, que dicen que les ha convenido cambiar las horas y lugares para hacer sus compras y modificar el programa de sus tareas cuotidianas. Los oficinistas que acostumbraban escaparse de la oficina a tomar rápidamente algunos tragos durante el descanso para tomar café, ahora se quedan en la oficina y piden realmente la taza de té o café. (Y esta es una magnífica ocasión para llamar a alguien que usted conozca y que también esté dejando de beber. Durante las ocasiones en que acostumbrábamos beber, es muy confortante hablar con una persona que ha pasado por las mismas experiencias).

Aquellos de nosotros que empezamos nuestra sobriedad mientras estábamos confinados en un hospital o una cárcel tratamos de cambiar nuestros itinerarios de manera de no volvernos a encontrar con el contrabandista que nos proveía de licor en esas instituciones.

Para muchos de nosotros, la hora de almuerzo era generalmente un período de consumo líquido. Cuando dejamos de beber, en lugar de ir al restaurante o cafetería donde los meseros siempre nos servían antes de que nosotros pidiéramos, es muy saludable encaminarnos en otra dirección para buscar el almuerzo, y es especialmente conveniente almorzar con otras personas no bebedoras. El ensayar la fuerza de voluntad en un asunto que involucra la salud, es absolutamente insensato cuando no es necesario. Por el contrario, tratamos de hacer que nuestros nuevos hábitos de salud sean lós más fáciles posibles.

Para muchos de nosotros, esto también nos ha significado el evitar, por lo menos durante algún tiempo, la compañía de nuestros compañeros de trago. Si ellos son amigos verdaderos, naturalmente se sentirán muy contentos de vernos cuidar nuestra salud, y respetarán nuestro derecho de pedir cualquier cosa que deseemos, así como nosotros respetamos el derecho que ellos tienen de beber si así lo desean. Pero hemos aprendido a cuidarnos de todas aquellas personas que insisten en hacernos beber nuevamente. Aquellos que realmente nos estiman, nos dan ánimo en nuestros esfuerzos por recuperarnos.

A las cinco de la tarde, o a la hora en que termine el trabajo del día, algunos de nosotros aprendimos a detenernos a comer algún emparedado. Luego buscamos una ruta diferente para ir hacia nuestra casa, ruta que en lo posible no nos conduzca por sitios demasiado familiares para nuestra condición de bebedores. En caso de necesitar el tren, evitamos el vagón del bar, y siempre nos apeamos en el lugar de nuestro destino, y no en la estación correspondiente a la taberna de nuestra preferencia.

Cuando llegamos a casa, en lugar de dirigirnos a buscar el hielo y los vasos, nos cambiamos de traje, calentamos un poco de té o preparamos algún jugo de frutas, tomamos una siesta o vamos a descansar en la ducha, o con un libro, o leyendo la prensa. Aprendimos a variar nuestra dieta para incluir alimentos no asociados estrechamente con el alcohol. Si nuestra costumbre después de la comida era sentarnos a beber mientras veíamos televisión, vimos la necesidad de cambiarnos a otro cuarto para dedicarnos a otras actividades. Si acostumbrábamos esperar a que la familia se fuera a la cama pare empezar a buscar la botella, tratamos ahora de irnos a acostar más temprano por variar, o dar una caminada o leer o escribir or jugar ajedrez.

Los viajes de negocios, los fines de semana o las vacaciones, la cancha de golf, los estadios de fútbol, los juegos de cartas, la piscina o el refugio deportivo frecuentemente significaban mucho alcohol para nosotros. Los navegantes y pescadores gastaban todo su tiempo bebiendo en la bahía o el lago. Cuando dejamos por primera vez de beber, vimos lo valioso que era programar una clase diferente de viaje o vacaciones durante algún tiempo. El tratar de evitar tomarse un trago en un buque cargado de bebedores de cerveza, adictos al tom collins, gentes que cargan su propia botella, amantes de la sangría o de los cocteles, es mucho más difícil que dirigirse a otros lugares y, por gracia de la novedad, hacer cosas diferentes que no nos recuerden particularmente la bebida.

Supongamos que fuimos invitados a la clase de reunión donde el principal entretenimiento era beber. ¿Qué pasaba entonces? Mientras bebíamos, éramos muy ingeniosos para inventar excusas, de manera que aplicamos ese mismo ingenio para inventarnos una manera graciosa para decir, "No, gracias". (Para reuniones a las cuales nos sentimos realmente obligados a asistir, hemos elaborado unas nuevas tácticas de seguridad, que explicaremos en la página 99).

Ahora bien, ¿qué sucedió en nuestros primeros días de abstención respecto a mantener el licor que teníamos en casa? A este respecto hay varias contestaciones.

La mayoría de los no bebedores exitosos concuerdan en que es una sólida precaución al principio desechar todas las botellas escondidas que tengamos, si es que las logramos encontrar. Pero las opiniones varían respecto a las botellas que tenemos en nuestra despensa o bodega.

Algunos de los A.A. insisten en el hecho de que nunca la disponibilidad de bebida nos condujo a beber, así como tampoco la falta de ella evitó emborracharnos cuando lo deseábamos realmente. Por eso preguntan: "¿Para qué derramar un buen whisky por el sumidero o regalárselo a otra persona? Vivimos en una sociedad de bebedores y no podemos evitar la presencia de las bebidas alcohólicas. Mantengamos nuestro abastecimiento a mano para atender a los huéspedes que lleguen a nuestra casa, y aprendamos a ignorar el licor el resto del tiempo". Para esas personas, este sistema funcionó.

Otra multitud de entre los nuestros puntualiza que en ocasiones fue increíblemente fácil para nosotros apurar un trago debido a un impulso casi inconsciente, antes de que nos diéramos cuenta. Si no existe alcohol a mano, si tuviéramos que salir a comprarlo, por lo menos nos queda la oportunidad de reconocer lo que nos disponemos a hacer y tenemos algún tiempo para reflexionar. ¡Los no bebedores que tienen esta convicción dicen que es mucho mejor prevenir que curar! Estas personas regalaron o vendieron toda su provisión y no dejaron nada en su hogar hasta cuando su sobriedad les pareció lo suficientemente normal y estabilizada. Aun ahora, compran solamente lo necesario para atender a sus invitados durante una sola fiesta.

Usted hará la elección que más le convenga. Nadie más que usted conoce cuál ha sido su forma de beber y hasta dónde aprecia la abstención que ha ganado hoy en día.

Ahora bien, la mayoría de los pequeños cambios de rutina que hemos mencionado en esta sección pueden parecer, por sí mismos, ridículos y triviales. Sin embargo, podemos asegurarle que la suma total de todos ellos nos ha proporcionado un impulso sorprendentemente poderoso hacia una salud nueva y vigorosa. Usted también puede tener ese empuje, si lo desea.

9. COMER O BEBER ALGO, GENERALMENTE SIMPLE

¿Puede usted imaginarse tomándose un whisky con soda inmediatamente después de una leche malteada de chocolate? ¿O una cerveza para acompañar un pedazo de pastel de fresas con crema de leche?

Si esas preguntas no lo han mareado y puede continuar leyendo, estará de acuerdo en que esas cosas no compaginan, no parecen hechas la una para la otra.

En cierto sentido, esto es lo que queremos expresarle con esta porción de nuestra experiencia. Muchos de nosotros hemos aprendido que algo de sabor dulce, o casi cualquier alimento o pasaboca nutritivo, parece amenguar un poco el deseo del trago. Así, de vez en cuando, nos recordamos que no debemos permitir que el hambre nos alcance demasiado.

Puede ser sólo nuestra imaginación, pero el ansia de una copa parece agudizarse cuando el estómago está vacío. Por lo menos, es mucho más notoria esa compulsión.

Este libro está basado en nuestra propia experiencia personal, antes que en informes científicos. Por ello no podemos explicar precisamente, en términos técnicos, por qué sucede esto. Solamente podemos informar que millares de nosotros, aun muchos que afirman que nunca han sido aficionados a los dulces, hemos notado que el comer algo dulce disminuye la urgencia de beber.

Puesto que no somos médicos ni expertos en nutrición, no podemos recomendar que todos nosotros mantengamos una barra de chocolate en el bolsillo para masticarla cuando quiera que se nos presente el pensamiento de una bebida. Muchos de nosotros lo hacemos, pero otros tienen razones poderosas de salud para evitar los dulces. Sin embargo en todas partes podremos encontrar frutas o substitutos dietéticos de las comidas o bebidas dulces, y por eso la idea de utilizar un *sabor dulce* es muy fácil para todos.

Algunos de nosotros creemos que es algo más que el mero sabor lo que ayuda a controlar el impulso hacia el alcohol. Puede también deberse en parte, a que estamos substituyendo toda una serie de acciones físicas: conseguir la bebida dulce, o un vaso de leche o de jugo, y algunas galletas o helados, y luego beber o masticar, y tragar.

Con toda seguridad, cuando muchos alcohólicos suspenden su racha de bebida, se encuentran en peores condiciones de nutrición que las que habían imaginado. Esto sucede en todos los niveles económicos. Por esa razón, muchos de nosotros fuimos aconsejados por nuestros médicos que tomáramos vitaminas suplementarias. Por ello tal vez muchos de nosotros necesitamos una mayor nutrición de la que nos percatamos, y por consiguiente el sentir que nuestro estómago tiene adecuada provisión de comida nos hace sentir mejor fisiológicamente. Una hamburguesa, miel, maní, vegetales, queso, nueces, gelatina de frutas; una menta, o cualquier cosa que usted prefiera, que sea buena o conveniente para usted, le puede servir.

Cuando se sugiere a algunos alcohólicos que inician su abstención, la conveniencia de comer en vez de beber, se preguntan si eso no les ocasionará obesidad. A esto podemos contestar que nuestra experiencia nos demuestra que esta situación ocurre muy raramente. Muchos de nosotros perdimos la grasa excesiva cuando empezamos a comer en forma balanceada reemplazando las calorías del alcohol etílico, y otros han ganado unas libras que les eran necesarias.

De todas maneras, algunos "adictos" a los helados o los confites observan que en sus primeros meses de abstención engordan un poco, en los lugares que menos los favorecen. Pero esto parece ser un precio muy pequeño para pagar por la liberación del alcoholismo activo. Es mejor ser algo gordito que borracho, ¿no es verdad? Además, nunca se oyó que a nadie lo arrestaran por conducir en estado de obesidad.

De todas maneras, con un poco de paciencia y buen criterio, los problemas de peso generalmente se normalizan, como lo comprueba nuestra experiencia. En caso contrario, o si usted padece de un problema crónico y serio de obesidad o falta de peso, debería consultar a un médico que no sólo conozca los problemas del peso, sino también que sepa algo de nuestra enfermedad. Nunca encontramos ningún conflicto entre la experiencia de A.A. y el consejo fundamentado que suministra un médico que conozca el tema del alcoholismo.

Por consiguiente la próxima ocasión en que se presente la tentación de beber, llevemos algo a nuestra boca, bien sea de comer o de beber para que nos quite el apetito. Por lo menos, en esa forma demoramos el consumo de la bebida alcohólica durante una o dos horas, tiempo suficiente para que demos un paso adelante hacia nuestra recuperación, como por ejemplo el que sugerimos en la próxima sección.

10. UTILIZAR LA "TERAPIA DEL TELEFONO"

Cuando estábamos iniciando nuestra tarea de alcanzar la sobriedad, muchos de nosotros nos encontramos bebiendo sin siquiera haberlo planeado. En ocasiones, nos parecía que eso nos sucedía sin siquiera darnos cuenta. No existía una decisión consciente para beber, ni un pensamiento real acerca de las posibles consecuencias. De ninguna manera habíamos intentado desencadenar todo un episodio de trago.

Ahora hemos aprendido que con posponer simplemente esa primera copa, y colocar algo distinto en su lugar, se nos provee la oportunidad de pensar acerca de nuestra historia de bebedores, la enfermedad del alcoholismo, y los probables resultados de empezar nuevamente a beber.

Afortunadamente, podemos hacer algo más que pensar, y lo ponemos en práctica: llamamos por teléfono a alguien.

Cuando dejamos de beber, se nos dijo repetidamente que apuntáramos los números de teléfonos de nuestros compañeros de grupo y que, cuando tuviésemos deseos de beber, llamáramos a esas personas.

Al principio, la idea de llamar por teléfono a una persona que escasamente hemos conocido, nos pareció extraña, y la mayoría de nosotros no dimos importancia a ese consejo. Pero los A.A. que tenían muchos más días de abstención que nosotros, continuaban sugiriéndolo. Nos decían que comprendían muy bien la razón de nuestra indecisión, porque ellos se habían sentido en la misma forma. Sin embargo, nos aconsejaban que tratáramos de hacerlo, por lo menos una vez.

Y así lo hicimos, finalmente, miles y miles de nosotros. Para nuestro alivio, resultó ser una experiencia fácil y agradable. Y mejor aún, funcionó perfectamente.

Tal vez la manera más rápida de comprender esto, antes de que usted lo ensaye, es ponerse a sí mismo mentalmente en el lugar de la persona que recibe la llamada. Es algo muy satisfactorio y compensatorio el que alguien confíe en nosotros hasta ese punto. Por consiguiente quien recibe la llamada, casi invariablemente se muestra cortés y agradecido por haber sido seleccionado, y no se siente sorprendido; por el contrario, se siente feliz de escucharnos.

Pero hay más. Muchos de nosotros hemos visto que cuando deseábamos beber, podíamos telefonear a alguien con mayor experiencia en sobriedad, y que ni siquiera era necesario mencionarle que estábamos pensando en beber. Eso era a menudo comprendido tácitamente. Y *¡realmente no importaba el momento de nuestra llamada, de día o de noche!*

En ocasiones, sin ninguna razón aparente, nos encontramos pasando una repentina e inexplicable racha de ansiedad, terror, temor y pánico, que no tenía sentido. (Esto les sucede a muchos seres humanos, por supuesto, y no solamente a los alcohólicos).

Cuando contábamos la verdad de cómo nos estábamos sintiendo, qué estábamos haciendo y qué deseábamos hacer, vimos que éramos perfectamente comprendidos. Recibimos no sólo simpatía, sino comprensión completa. Todas las personas que llamábamos, y es bueno mencionarlo, habían estado en la misma situación en una u otra época, que ellos recordaban vívidamente.

Con mayor frecuencia de la imaginable, con sólo unos pocos momentos de conversación, logró desaparecer nuestra idea de beber. En ocasiones, recibimos información práctica que nos abrió los ojos, o una orientación sutil e indirecta, o un consejo directo y fuerte pero dado de todo corazón. A veces, llegamos inclusive a podernos reír.

Los observadores de los alcohólicos recuperados han tomado nota de la extensa red de contactos sociales informales entre los miembros de A.A., aun cuando no estemos dentro de reuniones, y en ocasiones cuando ninguno está hablando o pensando acerca del alcohol. Hemos visto que podemos tener tanta vida social con los demás como la deseemos, haciendo en su compañía las cosas usuales que hacen los amigos, como escuchar música, ir a cine o teatro, cenar, hacer excursiones o paseos de pesca, o simples visitas, personalmente, por escrito, o por teléfono, todo ello sin la necesidad del trago.

Estas relaciones y amistades tienen un valor muy definido para quienes hemos escogido no beber. Sentimos la libertad de podernos mostrar tal como somos entre personas que comparten nuestra preocupación por mantener una sobriedad feliz, sin ser fanáticos contra la bebida.

Es muy posible, claro está, permanecer sobrios entre amigos que no son alcohólicos recuperados, y aun entre aquellos que consumen grandes cantidades de alcohol, aunque probablemente sintamos alguna incomodidad en su compañía. Pero estando con otros alcohólicos abstemios, podemos tener la seguridad de que nuestra preocupación es altamente apreciada y profundamente comprendida. Esto tiene un gran significado para ellos, así como su bienestar es muy apreciado por nosotros.

La transición hacia el gozo de la sobriedad empieza frecuentemente cuando, recién abstemios, nos mantenemos en contacto con otras personas igualmente nuevas en el programa. Al principio, parece algo embarazoso comenzar amistades con personas que han estado sobrias durante varios años. Generalmente nos sentimos más cómodos con aquellos que se encuentran en la misma situación nuestra, empezando su camino hacia la recuperación. Esta es la razón por la cual muchos de nosotros hacemos nuestras primeras llamadas telefónicas en procura de nuestra abstención a aquellos miembros "contemporáneos" nuestros en A.A.

"La terapia del teléfono" funciona bien aunque no conozcamos a nadie en particular para llamar. Puesto que en la mayoría de los directorios telefónicos de los Estados Unidos, el Canadá y muchos otros países se encuentra el número de teléfono de A.A., es muy fácil marcar ese número y ponernos instantáneamente en contacto con alguien que comprende sinceramente, a nuestro mismo nivel. Puede ser una persona que nunca hemos conocido, pero siempre obtendremos la misma genuina simpatía.

Una vez que hemos efectuado la primera llamada, es mucho más fácil hacer otra cuando la necesitemos. Finalmente, la necesidad de alejarnos del deseo de una bebida desaparece virtualmente para la mayoría de nosotros. Cuando esto se logra, sin embargo, muchos de nosotros encontramos que hemos establecido el hábito de hacer visitas ocasionales por teléfono y por consiguiente seguimos haciéndolas porque nos agradan.

Pero esto es algo que llega posteriormente. Al principio, "la terapia del teléfono" la hacemos primordialmente para ayudarnos a permanecer sobrios. Buscamos el teléfono en lugar del trago. Aun cuando no lo creamos esto funciona. Y aun cuando no lo deseemos.

11. CONSEGUIR UN PATROCINADOR O PADRINO

No todos los miembros de A.A. han tenido padrino. Pero miles de nosotros decimos que no estaríamos vivos de no haber sido por la amistad especial de un alcohólico recuperado durante los primeros meses y años de nuestra sobriedad.

En los primeros días de nuestra comunidad, la palabra "padrino" no estaba incluída en el léxico de A.A. Luego unos pocos hospitales en Akron, Ohio, y Nueva York empezaron a aceptar alcohólicos (bajo ese diagnóstico) como pacientes, siempre y cuando un miembro abstemio de A.A. se ofreciera para apadrinar al hombre o mujer enfermos. Este padrino llevaba el paciente al hospital, lo visitaba regularmente, se encontraba presente cuando el paciente era dado de alta, se encargaba de llevarlo a casa y orientarlo hacia una reunión de A.A. En esa reunión, el padrino lo presentaba a los demás miembros del grupo, alcohólicos que felizmente ya no estaban bebiendo. Durante los primeros meses de recuperación, este padrino permanecía disponible, listo para contestar las preguntas y escuchar cuando quiera que el paciente lo necesitara.

El apadrinamiento resultó una forma tan maravillosa de ayudar a las personas a incorporarse a A.A., que se ha convertido en una costumbre seguida en todo el universo de A.A., aun cuando la hospitalización no sea necesaria.

Frecuentemente, el padrino es la primera persona en visitar al bebedor problema que desea ayuda, o el primer alcohólico recuperado en hablar con el interesado cuando éste llega a una oficina de A.A. O puede ser también un miembro de A.A. que voluntariamente se ofrece para "apadrinar" a un alcohólico que está pronto a ser dado de alta de un centro de desintoxicación o rehabilitación, un hospital o alguna entidad correccional.

En las reuniones de A.A., la gente recomienda frecuentemente que el principiante A.A. se consiga un padrino, y se deja al arbitrio del recién llegado escoger alguno de sus compañeros, si es que lo desea como padrino.

Una de las razones por las cuales es una buena idea tener padrino, es que se consigue así una orientación amistosa durante aquellos primeros días o semanas en los cuales A.A. parece distinto y nuevo, antes de sentir que ya se conocen los caminos que se están transitando. Además, el padrino puede dedicar mucho más tiempo a atenderlo, y darle mucha mayor atención individual que un terapeuta profesional que posiblemente se encuentra muy ocupado. Los padrinos llegan al punto de hacer visitas nocturnas a domicilio.

Si usted tiene un padrino, pueden ayudarle algunas de las siguientes sugerencias. Recuerde que están basadas en millares de experiencias de los miembros de A.A. a través de muchos años.

A. Generalmente es mejor que los hombres apadrinen a los hombres y las mujeres apadrinen a las mujeres. Esto ayuda a evitar la posibilidad del romance, que puede convertirse en un desarrollo sumamente complicado, cuando no destructivo para la relación de padrino a recién llegado. Gracias a miles de errores y ensayos, hemos descubierto que el sexo y el apadrinamiento no forman una buena mezcla.

B. Ya sea que nos guste o no lo que el padrino nos sugiere, el hecho real es que el padrino ha estado abstemio durante mucho más tiempo, sabe cuáles son las trampas que hay que evitar, y es probable que tenga razón. (Los padrinos sólo pueden hacer sugerencias; no pueden obligar a nadie a hacer algo, ni tampoco prevenir ninguna acción).

C. El padrino A.A. no es un consejero o trabajador social profesional de ninguna clase. Un padrino no es alguien que nos preste dinero o nos regale ropa, nos consiga trabajo o comida. El padrino no es un experto médico, ni está calificado para dar consejo religioso, legal, doméstico o psiquiátrico, aunque el buen padrino generalmente se muestra dispuesto a discutir sobre estos temas en forma confidencial, y puede frecuentemente sugerir dónde es factible adquirir la ayuda profesional apropiada para el caso.

El padrino es simplemente un alcohólico sobrio que puede ayudar al recién llegado a resolver solamente un problema: cómo seguir abstemio. El padrino sólo tiene una herramienta que es su experiencia personal, y no la sabiduría científica.

Los padrinos han pasado por las mismas situaciones, y frecuentemente tienen mayor preocupación, esperanza y confianza en nosotros que la que nosotros mismos hemos tenido. Y con toda seguridad han tenido una mayor experiencia. Al recordar su propia condición, alargan su mano para ayudar, y no de arriba hacia abajo.

Alguien ha dicho que los alcohólicos pueden ser aquellas personas que nunca debieran tener secretos acerca de sí mismos, especialmente los que pertenecen a la clase que sufre sentimientos de culpa. El abrirnos a otras personas nos evita guardar nuestros secretos, lo cual puede ser un buen antídoto para cualquier tendencia hacia la excesiva auto-preocupación y auto-conmiseración. El buen padrino es alguien en quien podemos confiar, para desahogarnos completamente.

D. Es muy agradable tener un padrino que congenie con nosotros, que comparta nuestra experiencia e intereses en aspectos distintos a la mera sobriedad. Pero eso no es necesario. En muchos casos, el mejor padrino es alguien totalmente distinto a nosotros. En muchas ocasiones han tenido gran éxito parejas de padrinos y recién llegados que son totalmente diferentes entre sí.

E. Los padrinos, al igual que todas las personas, pueden tener obligaciones familiares y laborales. Si bien es cierto que el padrino ocasionalmente abandonará su trabajo o su hogar para ayudar a un recién llegado que se encuentra en reales dificultades, hay naturalmente ocasiones en que el padrino no puede estar disponible.

Esta es la oportunidad para que muchos de nosotros utilicemos nuestra imaginación constructiva para buscarnos un substituto. Si genuinamente deseamos ayuda, no permitimos que la enfermedad del padrino, o cualquier indisponibilidad momentánea, o cualquier razón, nos detenga en ese propósito.

Podemos tratar de buscar una reunión de A.A. en nuestra cercanía. O leer alguna literatura, ya sea de A.A. o de otra fuente que creamos que nos ha de servir. Podemos también llamar telefónicamente a alcohólicos recuperados que hemos conocido, aunque no tengamos una mayor familiaridad con ellos. O sencillamente llamar por teléfono o visitar la oficina de A.A. más cercana, buscando compañía de otros miembros de A.A.

Aunque la única persona A.A. que encontremos para hablar sea alguien a quien no conocíamos previamente, tenemos la seguridad de encontrar en ella un sincero interés y deseo de ayudarnos. Cuando referimos sinceramente nuestras preocupaciones o nuestro problema, se presenta inmediatamente una sincera comprensión. En ocasiones, hemos obtenido el ánimo que necesitábamos de alcohólicos recuperados por los cuales nunca nos habíamos interesado. Y aun en el caso de que ese sentimiento sea mutuo, cuando alguien que trata de permanecer sobrio, pide la ayuda de otro alcohólico recuperado para no beber, desaparecen todas las diferencias superficiales.

F. Algunas personas creen que es una buena idea tener más de un padrino, para que siempre haya por lo menos uno disponible. Este plan tiene una ventaja adicional, pero también lleva consigo un leve riesgo.

La ventaja es que teniendo tres o cuatro padrinos se consigue un mayor campo de experiencia y conocimiento del que puede suministrar una sola persona.

El riesgo radica en la tendencia que algunos de nosotros habíamos desarrollado durante nuestros días de bebedores activos. Para protegernos a nosotros mismos y salvaguardar de la crítica nuestra bebida, frecuentemente decíamos cosas distintas a cada persona diferente. Inclusive llegamos a aprender a manipular las personas en cierto sentido, de manera que la gente que nos rodeaba prácticamente patrocinaba o, inclusive, animaba nuestra bebida. Es probable que nunca nos hubiéramos dado cuenta de esta tendencia, y generalmente nunca lo hicimos conscientemente o de mala fe. Pero se convirtió realmente en una parte importante de nuestra personalidad durante nuestros días de alcoholismo activo.

Por ello algunos de quienes hemos tenido varios padrinos simultáneamente, nos hemos visto tratando de sacar provecho de un padrino respecto a otro, diciéndole una cosa al primero y algo totalmente distinto al segundo. Esto no siempre funciona, puesto que los padrinos son muy difíciles de engañar. Se dan cuenta muy rápidamente de los trucos de quien desea beber, puesto que ellos mismos los utilizaron en su época. Pero en ocasiones podemos mantener el juego cuando conseguimos un padrino que nos diga algo directamente opuesto a aquello que nos ha dicho otro padrino. Tal vez nos las arreglamos para extraer lo que realmente deseamos escuchar, y no lo que necesitamos. O, por lo menos, interpretamos las palabras de este padrino para que se acomoden a nuestros deseos.

Esta conducta parece más un reflejo de nuestra enfermedad que una búsqueda sincera de ayuda para nuestra recuperación. Nosotros, los recién llegados, somos los más perjudicados cuando esto sucede. Por consiguiente si tenemos un equipo de padrinos, sería una magnífica idea mantenernos vigilantes para que no nos suceda la tentación de envolvernos en ese tipo de juego que hemos descrito, en vez de luchar por el progreso hacia nuestra propia meta de recuperación.

G. Es cierto que los padrinos, alcohólicos recuperados, también tienen sus fortalezas, y debilidades especiales. El padrino, o cualquier ser humano, sin falla o debilidad no ha nacido todavía, hasta donde nosotros sepamos.

Es una rara ocurrencia, pero puede suceder, que seamos mal aconsejados o desorientados por un error del padrino. Nosotros mismos lo hemos padecido, y por ello podemos afirmar que aun con las mejores intenciones, los padrinos pueden equivocarse.

Usted probablemente ya habrá adivinado qué vamos a decir enseguida... *Que la conducta desafortunada del padrino no es una excusa válida para tomar un trago.* Todavía sigue siendo cierto que la mano que lleva la copa a nuestra boca es la nuestra.

En lugar de echarle la culpa al padrino, hay por lo menos 30 distintas maneras de permanecer alejados de esa primera copa. Esas 30 están descritas en otras tantas secciones de este folleto, por supuesto.

H. Usted no tiene obligación de pagar el favor que le ha hecho su padrino al ayudarle. El o ella lo hacen porque al ayudar a otros se ayudan ellos mismos a mantener su propia sobriedad. Usted tiene la libertad de aceptar o rechazar la ayuda. Pero en caso de que la acepte, no está obligado a devolver el favor.

Los padrinos son amables o severos, no para conseguir crédito, ni tampoco porque les gusta "hacer buenas obras". Un buen padrino recibe tanta ayuda como la persona que está apadrinando. Usted mismo encontrará la verdad de esta afirmación la primera vez que sirva de padrino a alguien.

Algún día, usted sentirá el deseo de proporcionarle ayuda a otra persona, y esa es la única recompensa que usted puede otorgar.

I. Al igual que un buen padre, un padrino prudente puede dejar solo a su ahijado cuando sea necesario; puede dejarlo cometer sus propios errores, puede ver al recién llegado rechazar su consejo y no sentir por ello ira o decepción. Un padrino avisado se mantiene alerta para alejar de su tarea de apadrinamiento cualquier sentimiento de vanidad o de menosprecio.

Y los mejores padrinos se sienten realmente agradados cuando el recién llegado se manifiesta capaz de seguir su propio camino sin necesidad de que lo conduzcan de la mano. No quiere decir esto que tengamos que continuar solitarios. Pero siempre llega la ocasión en que el polluelo debe utilizar sus propias alas y establecer su propia familia. ¡Y sólo nos queda desearle entonces un feliz vuelo!

12. DESCANSAR SUFICIENTEMENTE

Las personas que beben fuertemente, generalmente no pueden darse cuenta de lo cansadas que se encuentran, y para ello hay por lo menos tres razones que son características del alcohol: (1) El alcohol contiene muchas calorías, que dan energía instantánea; (2) Altera el sistema nervioso central, y por lo tanto no se puede sentir plenamente el cansancio corporal; (3) Después de que se desvanecen sus efectos anestésicos, produce una agitación que se asemeja a una energía nerviosa.

Después de que dejamos de beber, el efecto de agitación puede persistir durante algún tiempo, ocasionándonos nerviosismos e insomnio generales. O por el contrario abrumarnos repentinamente con una sensación de fatiga que nos deja exhaustos y letárgicos. O pueden presentarse estas dos condiciones alternativamente.

Ambas son reacciones normales que millares de nosotros hemos tenido en los comienzos de nuestra sobriedad, en grados variables dependientes de nuestra ingestión previa de licor y nuestro estado general de salud. Ambos, tarde o temprano, desaparecen y no tienen por qué causarnos alarma.

Pero es muy importante tratar de descansar suficientemente cuando suspendemos la bebida, porque la idea de volver a ella se nos presenta con mayor frecuencia cuando nos sentimos cansados.

Muchos de nosotros nos hemos preguntado por qué sentimos repentinamente el deseo de beber, sin ninguna razón aparente. Cuando examinamos esta situación, volvemos a encontrar que nos estamos sintiendo fatigados y no nos habíamos dado cuenta. Lo más probable es que hemos utilizado una gran energía, y no hemos descansado suficientemente. Generalmente, el comernos algún pasabocas o tomar una corta siesta pueden cambiar nuestras sensaciones completamente, y la idea de beber desaparece. Aunque no podamos llegar a dormirnos, con sólo unos minutos de reposo, bien sea acostados o sentados en una silla, logramos que nuestra fatiga se disminuya.

Es mucho mejor, por supuesto, lograr organizar en nuestras vidas un horario saludable que nos permita un período de descanso regular y suficiente cada 24 horas.

No todos, pero sí muchos de nosotros, podemos narrar historias de insomnio después de haber dejado de beber. Evidentemente, se necesita algún tiempo para que el sistema nervioso aprenda, o vuelva a aprender, el hábito del sueño regular y tranquilo sin que haya alcohol en el cuerpo. Lo peor de todo es nuestra propia preocupación acerca de ello, porque la misma preocupación nos hace aún más difícil conciliar el sueño.

El primer consejo que recibimos acerca de este punto es: "No se preocupe. Nadie se ha muerto por falta de sueño. Cuando su cuerpo esté lo suficientemente cansado, podrá dormir". Y así sucede por lo general.

Puesto que el insomnio fue tan frecuentemente la excusa que muchos de nosotros nos dimos para "necesitar uno o dos tragos", estamos totalmente de acuerdo en que una actitud totalmente nueva hacia el insomnio nos ayuda cuando tratamos de no beber. En lugar de voltearnos incesantemente en la cama, preocupándonos y maldiciendo, algunos de nosotros aceptamos la situación, nos levantamos y nos dedicamos a leer o a escribir durante esas largas horas de vigilia.

Entre tanto, es una magnífica idea revisar todos nuestros otros hábitos de salud para verificar si en alguna forma están afectando nuestra facultad de conciliar el sueño. Tal vez estemos tomando demasiado café por las tardes, o no estemos comiendo adecuadamente, o no estemos haciendo suficiente ejercicio, o el sistema digestivo no esté funcionando normalmente. Encontrar este tipo de problemas puede tomarnos también algún tiempo.

Hay muchas fórmulas, simples y antiguas, para combatir el insomnio que realmente pueden ayudar, tales como tomar un vaso de leche caliente, respirar profundamente, o darnos un baño en tina, leer un libro pesado o escuchar música suave. Algunos prefieren trucos más exóticos. ¡Un alcohólico recuperado recomienda tomar ginger ale con pimienta! En fin, cada cual con lo suyo. Otros confían en masajes particulares, yoga, o remedios diferentes sugeridos en libros que tratan de esta materia.

Aunque no logremos conciliar el sueño inmediatamente, podemos descansar sin embargo acostándonos quietos con los ojos cerrados. Nadie puede dormir mientras camina de un lado para otro en su habitación o empieza a conversar toda la noche con una taza de café en su mano.

Si la condición persiste, puede ser aconsejable consultar un buen médico que esté enterado sobre alcoholismo.

De todas maneras, *las píldoras para dormir, cualesquiera que sean, no constituyen la respuesta para los alcohólicos.* Casi invariablemente conducen a la bebida, según lo demuestra nuestra experiencia repetida.

Porque sabemos muy bien qué tan peligrosas pueden ser esas píldoras, algunos de nosotros hemos tenido que soportar esta situación anormal durante algún tiempo, hasta cuando nuestros cuerpos lograron establecer una rutina saludable para el sueño. Una vez que hemos logrado superar esa dificultad temporal, cuando el ritmo natural del sueño se restablece, podemos verificar que el precio que pagamos bien valía la pena.

Puede ser útil mencionar también otra curiosidad acerca del sueño cuando dejamos de beber. Mucho tiempo después de habernos separado de la botella, entre muchos de nosotros se ha presentado el caso de despertarnos alguna mañana o noche dándonos cuenta de que acabamos de tener un sueño sumamente vívido en que nos veíamos bebiendo.

No todos nosotros tenemos esos sueños. Pero la experiencia de muchos de nosotros nos lleva a considerarlos como situaciones comunes o inocuas.

A.A. no es un programa de interpretación de los sueños, y por consiguiente no podemos decir cuál puede ser el significado oculto, si es que existe, de ese tipo de sueños, como muy bien podrían explicarlo los psicoanalistas y otros especialistas. Lo único que podemos informar es que esos sueños ocurren, y no debemos sorprendernos. Uno de los más comunes es el sueño en que uno se ve a sí mismo borracho, y horrorizado por ello, pero no tiene el recuerdo de haber bebido. Hemos llegado a despertarnos con temblores, escalofríos y otros clásicos síntomas de resaca, aunque, naturalmente, no hayamos tocado la bebida en muchos meses. No fue más que un mal sueño, y puede presentarse de improviso mucho tiempo después de haber ingerido nuestra última copa.

Probablemente, es una magnífica experiencia el que nos aterroricemos y nos sintamos desgraciados con la noción de beber, aunque sea en sueños. Tal vez esto signifique que estamos empezando realmente a adquirir la idea, en lo más profundo de nuestro ser, de que la bebida no es conveniente para nosotros. La sobriedad es mucho mejor, inclusive para soñar con ella.

La maravilla de un sueño sobrio, cuando se logra alcanzar, es uno de los grandes placeres al despertarnos, porque no tenemos resacas, ni preocupaciones acerca de lo que nos haya podido suceder en la laguna de la noche anterior. Por el contrario, significa que podemos encarar el nuevo día descansados, esperanzados y agradecidos.

13. "LO PRIMERO PRIMERO"

He aquí un antiguo refrán que tiene significado especial e importante para nosotros. Dicho en otros términos, quiere decir que sobre todas las demás preocupaciones, debemos recordar que no podemos beber. El no beber es de primera magnitud para nosotros, en cualquier parte, en cualquier lugar, y bajo cualquier circunstancia.

Este es estrictamente un asunto de supervivencia para nosotros. Hemos aprendido que el alcoholismo es una enfermedad asesina, que conduce a la muerte en un gran número de formas. Preferimos no activar esa enfermedad arriesgándonos con una bebida.

El tratamiento de nuestra condición, tal como lo ha notado la Asociación Médica Norteamericana, "involucra primordialmente el no tomar ni un solo trago". Nuestra experiencia refuerza esa receta terapéutica.

En los problemas prácticos y cuotidianos, esto quiere decir que debemos tomar todas las medidas que sean necesarias, a pesar de cualquier inconveniente, para no beber.

Algunos nos han preguntado, "¿Esto quiere decir entonces que hay que colocar la sobriedad por encima de la familia, el trabajo, o la opinión de los amigos?".

Cuando observamos que el alcoholismo es un asunto de vida o muerte, la respuesta es muy sencilla. Si no salvamos nuestra salud y nuestras vidas, entonces seguramente no podremos tener familia, trabajo, ni amigos. Si apreciamos la familia, el trabajo y los amigos, *ante todo* debemos salvar nuestras propias vidas para poderlas gozar.

"Lo Primero Primero" es rico también en otros significados que pueden ser muy importantes para combatir el problema alcohólico. Por ejemplo, muchos de nosotros hemos notado que cuando dejamos de beber, nos pareció que tomaba demasiado tiempo el lograr tomar decisiones. Las decisiones parecían difíciles de alcanzar, ya que venían y se iban con demasiada frecuencia.

Ahora bien, la indecisión no afecta únicamente a los alcohólicos en recuperación, pero probablemente nos molestó más a nosotros que a otras personas. El ama de casa recién ingresada a los grupos no podía resolver cuál de los muchos trabajos hogareños debía ejecutar primero. El hombre de negocios no podía decidir entre hacer esas llamadas o dictar aquellas cartas, o efectuar aquel negocio. En muchos compartimientos de nuestras vidas, deseábamos afrontar y poner por obra todas las tareas y obligaciones que habíamos estado despreciando. Obviamente, no podíamos encargarnos de todas ellas simultáneamente.

Entonces fue cuando nos ayudó el refrán "Lo Primero Primero". Si alguna de las alternativas que se nos presentaban involucraba el decidir entre beber y no beber, esa decisión merecía y obtenía absoluta prioridad. A menos que nos aferráramos a nuestra sobriedad, ningún negocio, ni limpieza, ni llamada telefónica, ni carta se hubiera podido llevar adelante.

Posteriormente utilizamos el mismo proverbio para organizar el tiempo de nuestra recién hallada sobriedad. Tratamos de planificar las actividades del día, ordenando nuestras tareas en orden de importancia, y nunca haciendo un horario demasiado estricto. Teníamos en mente otra cosa "primordial", nuestra salud general, porque sabíamos que si nos cansábamos demasiado o dejábamos de comer oportunamente, se nos podrían presentar dificultades.

Durante el alcoholismo activo, muchos de nosotros llevamos vidas sumamente desorganizadas, y la confusión nos hacía sentir incómodos o aun desesperados. El aprender a no beber se facilita, introduciendo algún orden dentro de nuestra rutina cuotidiana, pero siendo realistas y manteniendo siempre un plan flexible. El ritmo de nuestra rutina personal tiene un efecto apaciguador, y, para organizar nuestra desorganización previa, el principio más apto es, efectivamente, "Lo Primero Primero".

14. EVITAR LA SOLEDAD

El alcoholismo ha sido descrito como "la enfermedad solitaria", y muy pocos alcohólicos recuperados discuten este punto. Mirando retrospectivamente los últimos años o meses de nuestra bebida, literalmente cientos de millares*de nosotros recordamos que nos sentíamos aislados aun cuando estuviéramos en medio de una gran cantidad de gente feliz y bulliciosa. A menudo sentíamos una profunda sensación de no pertenecer, aun cuando actuáramos en forma sociable y amistosa.

Muchos de nosotros hemos confirmado que originalmente empezamos a beber para formar "parte de la multitud". Muchos de nosotros creíamos que teníamos que beber para "incorporarnos", y para sentirnos encajados dentro del resto de la raza humana.

Es un hecho fácilmente comprobable, por supuesto, que nuestro uso principal del alcohol fue de tipo egocéntrico, esto es, que lo ingeríamos dentro de nuestros propios cuerpos, para buscar efectos dentro de nuestra propia piel. Frecuentemente, ese efecto nos ayudó momentáneamente a comportarnos en forma social, o temporalmente desvaneció nuestra soledad interna.

Pero cuando se alejaban los efectos del alcohol, nos quedaba una sensación de estar mucho más apartados, mucho más retirados y más diferentes que nunca, y mucho más tristes.

Si nos sentíamos culpables o avergonzados por nuestras borracheras o por algo que hacíamos mientras bebíamos, con mayor razón se presentaba la sensación de ser parias. Había ocasiones, en que secretamente temíamos o aun creíamos mere-

* Ahora, hay más de un millón de miembros de A.A.

cer el ostracismo, a causa de las acciones que habíamos hecho. Muchos de nosotros llegamos a pensar que probablemente éramos tipos anormales.

(Tal vez esta sensación es conocida por usted, si se toma el trabajo de recordar su última borrachera o su última resaca).

El camino solitario nos parecía oscuro, sinuoso e interminable. Era demasiado doloroso para hablar de ello; y para evitar su recuerdo, volvíamos a emborracharnos nuevamente.

Aunque algunos de nosotros éramos bebedores solitarios, muy difícilmente puede decirse que carecíamos completamente de compañía durante nuestros días de bebida. La gente nos rodeaba por todas partes. La veíamos, tocábamos y escuchábamos. Pero la mayoría de nuestros diálogos importantes eran totalmente internos, diálogos que manteníamos con nosotros mismos. Porque estábamos seguros que nadie más podría comprendernos. Además, considerando nuestra propia opinión acerca de nosotros mismos, no nos sentíamos seguros de querer que alguien nos comprendiera.

No hay por qué maravillarnos, entonces, de que cuando escuchamos por primera vez a los alcohólicos de los grupos de A.A. hablar libre y sinceramente acerca de ellos mismos, nos sentimos sorprendidos. Las narraciones de sus borracheras, de sus propios secretos y de su soledad, nos abrumaron como un ciclón.

Descubrimos, aunque difícilmente nos atrevíamos a pensar en eso al principio, que *no estábamos solos*. Después de todo, *no* éramos tan diferentes a los demás.

La frágil coraza de egocentrismo asustado y protector en la cual hemos vivido durante tanto tiempo se rompe con la sinceridad de otros alcohólicos recuperados. Nos damos cuenta, antes de que podamos articularlo, de que pertenecemos a alguna parte, y que la soledad rápidamente empieza a drenarse.

El alivio es una palabra muy débil para definir la sensación inicial. Está mezclado con asombro, y casi con cierto terror. ¿Es esto real? ¿Podrá perdurar?

Aquellos de nosotros que hemos estado sobrios durante algunos años, podemos asegurarle a cualquier recién llegado a una reunión de A.A. que esa sensación es real, ciertamente muy real. Y puede perdurar. No es como los otros falsos comienzos, de la clase que la mayoría de nosotros hemos experimentado frecuentemente. No es uno más de aquellos alegres principios que pronto se ven seguidos por un fracaso desalentador.

Por el contrario, a medida que se incrementa el número de personas que ahora han estado durante varias décadas en A.A., vemos ante nuestros ojos más y más pruebas contundentes de que tenemos una recuperación genuina y perdurable de la soledad del alcoholismo.

Con todo ello, el quitarnos de los hábitos de sospecha y otros mecanismos de protección que han permanecido en nosotros durante muchos años y se encuentran profundamente arraigados, no puede ser un proceso que se desarrolle de la noche a la mañana. Hemos llegado a estar tremendamente acondicionados para sentir y actuar en medio de una falta de comprensión y de amor, que bien puede ser real o no. Estamos acostumbrados a actuar como solitarios. Por consiguiente, después de que logramos dejar la bebida, algunos de nosotros podemos necesitar un poco de tiempo y de práctica para romper nuestra soledad acostumbrada. Aun cuando empecemos a creer que ya no estamos solos, en ocasiones actuamos y sentimos tal como solíamos hacerlo antiguamente.

Todavía no estamos maduros para buscar la amistad, o para aceptarla cuando se nos ofrece. No nos sentimos completamente seguros acerca de cómo hacerlo, ni siquiera en pensar si habrá de funcionar. Y esos años acumulados con su carga abundante de temor todavía pueden influir en nosotros para retardarnos. Por consiguiente, cuando empezamos a sentirnos un poco solitarios, ya sea que estemos real y físicamente solitarios, o no, las antiguas rutinas y el llamado del alcohol pueden fácilmente atropellarnos.

De vez en cuando, algunos de nosotros nos sentimos tentados a renunciar y volver a nuestra antigua miseria. Por lo menos, es una condición que ya conocimos y no tendremos que luchar demasiado para volver a adquirir toda la práctica que habíamos alcanzado en nuestra vida de bebedores.

Hablándole a un grupo de A.A. acerca de sí mismo, un compañero dijo una vez que desde sus años juveniles hasta la década de sus cuarenta el ser un borracho había constituído una ocupación de tiempo completo, y por ello había pasado de largo por la mayor parte de las cosas que los hombres aprenden generalmente a medida que van llegando a la madurez. "Entonces aquí estoy en mis cuarenta", dijo, "abstemio. Sabía cómo beber y cómo armar alborotos, pero nunca había aprendido una labor vocacional o profesional, y era totalmente ignorante respecto a los modales de comportamiento social. ¡Es terrible, yo ni siquiera sabía cómo pedirle una cita a una muchacha y qué hacer cuando me la diera! ¡Y encontré también que no hay clases de romances para solteros de 40 años que nunca han aprendido a valerse por sí mismos en este campo!".

La carcajada en la reunión de A.A. esa noche fue particularmente amable y calurosa. Había tantos que estaban en esa situación y que habían padecido la misma clase de incomodidad. Cuando sentimos esa desubicación incongruente a los cuarenta años (o siquiera a los veinte, en aquella época), podríamos pensar que éramos trágicos, casi grotescos, si no fuera por los muchos grupos llenos de comprensión de gentes A.A. que han conocido ese mismo tipo de temor, y pueden ayudarnos ahora a ver su parte graciosa. Por eso podemos sonreír cuando tratamos de nuevo, hasta cuando lo hagamos correctamente. Ya no tenemos la necesidad de renunciar en una vergüenza secreta. No tenemos la necesidad de renovar nuestros intentos desesperados por encontrar la confianza social en la botella, donde siempre por el contrario habíamos encontrado la soledad.

Este es un ejemplo extremo de la clase de sensación que muchos de nosotros recibimos cuando empezamos a navegar por la sobriedad. Y nos muestra cuán peligrosamente perdidos podríamos encontrarnos si tratáramos de continuar en forma solitaria. La oportunidad de hacer ese viaje sería de una en millones.

Pero ahora sabemos muy bien que no tenemos que proceder por nuestra cuenta. Es mucho más sensato, seguro y fácil hacerlo en compañía de toda una flota feliz que va en la misma dirección. Y ninguno de nosotros tiene por qué sentir vergüenza de utilizar la ayuda, puesto que todos nos ayudamos unos a otros.

No es una cobardía el utilizar ayuda para recuperarnos de un problema de bebida, así como no es cobardía utilizar una muleta cuando tenemos una pierna rota. Una muleta es un artefacto maravilloso para aquellos que lo necesitan y para aquellos que comprenden su utilidad.

¿Pero es que hay algo realmente heroico en una persona ciega que va dando tumbos y caídas simplemente porque se niega a utilizar una ayuda que fácilmente podría obtener? El asumir riesgos locos e innecesarios, alcanza en ocasiones alabanzas inmerecidas. Pero una ayuda mutua, que siempre funciona mejor, realmente debiera ser más apreciada y admirada.

Nuestra propia experiencia para permanecer sobrios refleja en forma abrumadora la sabiduría de utilizar cualquier ayuda disponible para recuperarnos del problema de la bebida. A pesar de nuestra gran necesidad o deseo, ninguno de nosotros ha podido recuperarse del alcoholismo por sus propios y únicos esfuerzos. De habernos sido posible, no habríamos tenido necesidad de acercarnos a A.A., al psiquiatra o a alguien más en busca de ayudas.

Puesto que nadie puede vivir totalmente solo, puesto que todos nosotros dependemos en algún grado de nuestros congéneres, que nos suministran por lo menos algunos bienes y servicios, hemos visto la sensatez de aceptar esa realidad particular y trabajar dentro de ella en la aventura tan importante de sobreponernos a nuestro alcoholismo activo.

La idea de tomarnos un trago parece deslizarse dentro de nuestras mentes mucho más suave y sutilmente cuando estamos solos. Y cuando nos sentimos solitarios, y cuando la urgencia de un trago nos golpea, parece que lo hace con una fortaleza y velocidad especiales.

Tales ideas y deseos se presentan con frecuencia mucho menor cuando estamos con otras personas, especialmente no bebedoras. Si de todas maneras ocurren, parecen menos potentes y se pueden evitar más fácilmente mientras estamos en contacto con los compañeros de A.A.

No olvidemos que todos nosotros necesitamos ocasionalmente algún tiempo para dedicarlo a nuestra vida interior, colectar pensamientos, adquirir bienes, hacer algo, trabajar en las situaciones privadas, o simplemente descansar del esfuerzo cuotidiano. Pero hemos visto que es muy peligroso que nos volvamos demasiado indulgentes en esto, especialmente cuando nuestro temperamento se vuelve un poco apático o autocompasivo. Casi cualquier compañía es mucho mejor que un amargo aislamiento.

Naturalmente, aun en las reuniones de A.A. es posible desear una bebida, así como hay gente que se siente solitaria en medio de una multitud. Pero las probabilidades en contra de tomar una bebida son mayores cuando estamos en compañía de otros miembros de A.A. que las que tenemos cuando estamos solos en nuestro cuarto o en un rincón apartado y escondido de una taberna.

Cuando solo tenemos nuestra propia compañía, la conversación empieza a hacerse en forma circular. Cada vez más se va excluyendo el aporte de sensatez, que las otras personas nos pueden proporcionar. El tratar de argumentarse a usted mismo contra un trago es como tratar de hacer una autohipnosis. Generalmente, es casi tan efectivo como tratar de persuadir a una yegua que no dé a luz cuando su término se ha cumplido.

Por estas razones, entonces, cuando sugerimos evitar la fatiga y el hambre, añadimos también un peligro adicional que conforma la tripleta: "No se permita estar demasiado cansado, demasiado hambriento, o demasiado solitario".

Observe siempre esto.

Si la idea de beber un trago cruza por su mente en cualquier oportunidad, tómese una pausa para considerarla. Es muy probable que usted se encuentre en una o más de aquellas tres condiciones de alta peligrosidad. Hable con alguien, rápidamente. Eso por lo menos empieza a aliviarlo de la soledad.

15. VIGILAR LA IRA Y LOS RESENTIMIENTOS

La ira ya ha sido mencionada en este folleto. Pero algunas amargas experiencias nos han convencido de que es tan importante que merece la atención especial de cualquier persona que desee sobreponerse a un problema de trago.

La hostilidad, el resentimiento, la ira, cualquiera que sea la palabra que usted utilice para describir este sentimiento, parece tener una estrecha relación con la intoxicación y probablemente una relación aún más profunda con el alcoholismo.

Por ejemplo, algunos científicos preguntaron a un gran número de alcohólicos por qué se emborrachaban, y una de las más importantes respuestas fue "Para poderle echar la bronca a alguien". En otras palabras, sentían la fuerza y libertad para expresar su ira cuando estaban borrachos, fuerza y libertad de que no podían hacer gala cuando se encontraban sobrios.

Alguien ha sugerido que puede existir una relación bioquímica, sutil e indeterminada, entre el alcohol y los cambios físicos que acompañan la ira. Un estudio experimental entre alcohólicos sugirió que los resentimientos pueden crear en la sangre de los alcohólicos una cierta condición de incomodidad que se desvanece con una borrachera. Un renombrado psicólogo ha sugerido recientemente que los bebedores pueden gozar la sensación del poder sobre otros que puede traer la influencia del alcohol.

Se han informado hechos claros acerca de la estrecha correlación que existe entre el beber y los asaltos y homicidios.

Parece que en algunos países sucede una gran proporción de estos delitos cuando la víctima o el delincuente se encuentran bajo la influencia del alcohol. Las violaciones, las peleas domésticas conducentes al divorcio, el estupro y maltrato de los niños y los atracos también son frecuentemente paralelos a una condición de bebida excesiva.

Aun aquellos de nosotros que no hemos tenido experiencias en ese tipo de conducta podemos entender fácilmente la clase de rabia furiosa que puede llevar a algunas personas a pensar en una violencia extrema cuando están suficientemente borrachos. Por eso reconocemos el peligro potencial de la ira.

No parece existir ninguna duda de que la ira es un estado natural que ocurre en el animal humano de vez en cuando. Al igual que el temor, puede también tener algún valor de supervivencia para todos los miembros de la especie *homo sapiens*. La ira hacia ideas abstractas tales como la pobreza, la enfermedad y la injusticia ha producido indudablemente cambios y mejoras en diversas culturas.

Pero tampoco puede negarse que los asaltos violentos o verbales cometidos bajo la ira excesiva son deplorables y le hacen daño a la sociedad como un todo, tanto como a los individuos. Por ello, muchas religiones y filosofías nos urgen a liberarnos de la ira para poder hallar una vida más feliz.

Sin embargo un gran número de personas tienen la certeza de que reprimir la ira es inconveniente para la salud emocional, de que debemos dar rienda suelta a nuestra hostilidad en alguna forma, o de lo contrario podría envenenar nuestro interior haciéndonos volver esa ira hacia nosotros mismos, y conduciéndonos a una profunda depresión.

La ira en todos sus aspectos es un problema humano universal. Pero representa una amenaza especial para los alcohólicos. Nuestra propia ira puede matarnos. Los alcohólicos recuperados están casi unánimemente de acuerdo en que la hostilidad, las peleas y los resentimientos nos hacen desear beber, y por consiguiente necesitamos estar alerta contra esos sentimientos. Hemos encontrado formas mucho más satisfactorias que la bebida para manejar este tipo de problema.

Volveremos a ellas posteriormente. Primero daremos una lista de la formas y matices que puede presentar la ira en algunas ocasiones:

Intolerancia	Vanidad	Tensión	Desconfianza
Desprecio	Rigidez	Sarcasmo	Ansiedad
Envidia	Cinismo	Autocompasión	Sospechas
Odio	Descontento	Malicia	Celos

Algunos miembros de A.A. han podido, durante su sobriedad, seguir la huella de todas esas sensaciones que conducen a la ira subyacente. Durante nuestros días de bebedores, muchos de nosotros dedicábamos muy poco tiempo a pensar en este tipo de cosas. Preferíamos lamentarnos por ellas, o reaccionábamos excesivamente, especialmente después de haberlas atenuado con otro trago.

Tal vez el miedo también debiera estar en esa lista, ya que muchos de nosotros creemos que la ira es frecuentemente una manifestación del temor. No siempre estamos seguros acerca de qué nos produce ese temor. En ocasiones, no es más que un miedo vago, generalizado e indefinido. Y puede ocasionar una ira igualmente generalizada, que repentinamente acabará enfocándose sobre algo o alguien.

Los sentimientos de frustración también pueden dar origen a la ira. Los bebedores problema no gozamos particularmente de un alto nivel de tolerancia cuando nos vemos enfrentados a la frustración, bien sea real o imaginaria. Para nosotros, el pasante de esas indigestas emociones era el alcohol.

Tal vez el resentimiento "justificado" sea el de más difícil manejo. Es el resultado final de la ira "correcta" largamente acariciada. Cuando le permitimos que continúe, lentamente irá minando nuestras defensas contra el consumo de bebidas.

Aun en el caso de que realmente hayamos sido tratados injusta o exageradamente, el resentimiento es un lujo que, como alcohólicos, no nos podemos permitir. Para nosotros, toda situación de ira es autodestructiva, porque nos puede conducir nuevamente a la bebida.

(En los libros "Alcohólicos Anónimos" y "Doce Pasos y Doce Tradiciones" se trata en detalle la forma de manejar estos resentimientos).

No podemos pretender ser expertos en la comprensión de la psicología profunda; por ello, inicialmente tenemos que concentrarnos, no tanto en buscar las causas de nuestras sensaciones molestas de ira, como en tratar de gobernar esas sensaciones ya sea que las creamos justificadas o no. Tratamos de controlar esas sensaciones para que no nos engañen y conduzcan nuevamente a beber.

En forma por demás interesante, varios de los métodos que hemos discutido para evitar la bebida han funcionado espléndidamente para sobreponernos a la molestia interior que sufrimos cuando estamos airados. Cuando empezamos a revolvernos interiormente, por ejemplo, frecuentemente es de mucha ayuda dar algunos bocados de una golosina o tomarnos un vaso de alguna bebida dulce y no intoxicante.

También es notablemente efectivo, cuando empezamos a sentirnos demasiado molestos por algo, buscar un teléfono y contárselo a nuestro padrino o a alguno de nuestros compañeros. Es muy conveniente detenernos a pensar si no estaremos demasiado cansados. Si es este el caso, hemos visto que después de tomarnos un descanso la rabia se nos ha disipado.

Repetidamente, con el solo hecho de ponernos a considerar el refrán "Viva y deje vivir", se aplaca nuestro temperamento. O podemos cambiar repentinamente a una actividad que no tenga nada que ver con la fuente de nuestra ira, como escuchar nuestra música favorita, o hacer algún ejercicio físico.

Para muchos de nosotros, el meditar las ideas de la Oración de la Serenidad desvanece por completo nuestra hostilidad. Generalmente, cualquier cosa que nos haya puesto en ese estado nos parece algo que no podemos posiblemente controlar o cambiar (los nudos de tráfico, la temperatura, las filas larguísimas en el supermercado, etc.), por consiguiente, lo más sensato y maduro que podemos hacer es simplemente aceptarlo, en vez de ponernos a hervir interiormente o disponernos a beber.

Naturalmente, hay ocasiones en que nos sentimos resentidos por circunstancias de nuestra vida que pueden, y debieran, ser cambiadas. Tal vez *debiéramos* renunciar a un trabajo y buscar uno mejor, o divorciarnos, o trasladar nuestra familia a un vecindario diferente. Si es así, una decisión de tal naturaleza necesita ser tomada cuidadosamente, no en forma precipitada o airada. Por eso debemos aplacarnos primero. Después podremos darle una meditación calmada y constructiva para tratar de descubrir si nuestro resentimiento está dirigido hacia algo que podemos cambiar. Para verificar esto, lea nuevamente la sección que trata acerca de la Oración de la Serenidad, en la página 37.

Hay ocasiones en que no debemos tratar con un resentimiento antiguo, sino con una rabia repentina y avasalladora. En tal caso, el plan de las 24 horas (que está en la página 21) y "Lo Primero Primero" (página 55) han ayudado a muchos de nosotros a sobreponernos a esa rabia, aunque al principio no podíamos ver en qué forma podría eso ayudarnos hasta cuando realmente lo intentamos, y obtuvimos resultados sorprendentemente buenos.

Otro remedio efectivo para la ira es la idea de actuar "como sí". Decidimos actuar como lo haría una persona madura y bien equilibrada para manejar un resentimiento como el nuestro. Trate de ensayarlo en alguna oportunidad. Esto funciona efectivamente.

Y para muchos de nosotros, también tiene mucho valor la orientación profesional de un buen consejero, psiquiatra o sacerdote.

También podemos encontrar una válvula de escape en una acción física sin peligro. El ejercicio ya mencionado, respirar profundamente, o una ducha de agua caliente, o simplemente sentarnos a gritar en una silla (claro está, en privado) han ayudado a aliviar de la ira a muchos de nosotros.

Muy rara vez parece aconsejable la obturación, la disculpa o el represamiento de la ira. Por el contrario, tratamos de aprender a no actuar bajo su influencia, sino a tratar de hacer algo al respecto. Si no lo hacemos, incrementamos enormemente nuestra propensión a beber.

Como personas no académicas que utilizamos únicamente nuestra experiencia, nosotros los alcohólicos recuperados no tenemos un conocimiento derivado de pruebas de laboratorio o teorías científicas acerca de estos asuntos. Pero pocas personas que hayan tenido alguna vez una resaca pueden olvidar el estado de irritación absolutamente irracional que nos hace sentir. En algunas ocasiones, descargamos esa irritación contra nuestros miembros de familia o compañeros de trabajo, amigos o extraños que ciertamente no han hecho nada para movernos en su contra. Esta tendencia puede durarnos algún tiempo en el período inicial de nuestra sobriedad, así como perduran los residuos de humo en un recinto cerrado, recordándonos nuestros días de alcoholismo, hasta cuando logremos hacer una limpieza completa de nuestra mente.

16. SER INDULGENTE CONSIGO MISMO

Cuando una persona amada o apreciada por nosotros se está recuperando de una seria enfermedad, tratamos generalmente de proporcionarle lo que las buenas enfermeras llaman C.T. A. (Cuidado, ternura y amor). Nosotros mimamos al niño enfermo, dándole sus comidas favoritas y tratando de divertirlo para ayudarle en su recuperación.

La convalecencia de la enfermedad del alcoholismo activo requiere algún tiempo, y cualquier persona que se encuentre en esa situación merece consideración y una buena dosis de C.T.A.

Antiguamente, la gente tenía la creencia de que los convalecientes de algunas enfermedades merecían el sufrimiento, puesto que se creía que habían adquirido esa enfermedad en forma deliberada y egoísta.

A causa del estigma y el rechazo que todavía tiene el alcoholismo en medio de gentes ignorantes de la naturaleza de la enfermedad (entre las cuales nos incluíamos antes de aprender la verdad), muchos de nosotros no éramos lo suficientemente amables con nosotros mismos cuando teníamos las angustias de la resaca. Sufríamos y pensábamos que estábamos "pagando los platos rotos" como penalidad necesaria por nuestras malas acciones.

Ahora que sabemos que el alcoholismo no es una conducta inmoral, hemos encontrado que es necesario reajustar nuestras actitudes. Hemos aprendido que una de las personas con menor disposición para tratar al alcohólico como enfermo es, aunque nos parezca sorprendente, el propio alcohólico. Nuevamente, nuestros antiguos hábitos de pensamiento salen en nuestro perjuicio.

Se dice frecuentemente que los bebedores problema somos perfeccionistas, impacientes con toda clase de defectos, especialmente los propios. Al mismo tiempo que forjamos metas imposibles de alcanzar, luchamos fieramente para alcanzar esos ideales inalcanzables.

Entonces, puesto que ningún ser humano puede posiblemente mantener los parámetros tan sumamente altos que nosotros nos fijamos, nos vemos a nosotros mismos inferiores a nuestro destino, tal como debe sentirse cualquier persona cuyos ideales estén por fuera de la realidad. Por eso se nos presenta el desánimo y la depresión. Airadamente nos castigamos a nosotros mismos por ser menos que superperfectos.

Aquí es precisamente donde podemos empezar a ser buenos, o por lo menos justos, con nosotros mismos. Nunca pediríamos a un niño o a una persona inválida más de lo razonable. Nos parece que no tenemos derecho a esperar tales milagros de nosotros mismos como alcohólicos en recuperación.

Impacientes por aliviarnos completamente el martes, si todavía nos encontramos convalecientes el miércoles, empezamos a echarnos la culpa. Es esta una buena ocasión para volver atrás mentalmente, y mirarnos en forma objetiva y explícita, hasta donde nos sea posible. ¿Qué haríamos nosotros si una persona amada o amiga se desanimara por sus escasos progresos en la recuperación, y empezara a rehusar la medicina?

Es conveniente recordar que el exceso de bebida es altamente perjudicial para el cuerpo, y produce deterioros que pueden necesitar varios meses para mejorar. Nadie se convierte en alcohólico en unas pocas semanas (o por lo menos, casi nadie). Tampoco podemos esperar recuperarnos en un instante mágico.

Cuando se nos presentan los sentimientos de desánimo, es cuando más necesitamos entusiasmarnos. Más de uno de nosotros ha encontrado un buen remedio en que nos tratemos de complacer evocando los progresos alcanzados, naturalmente sin exagerar o ser demasiado egoístas.

Hagamos inventario. ¿Nos hemos abstenido de tomar un trago en estas 24 horas? Ya eso merece que nos alegremos. ¿Hemos tratado de comer adecuadamente el día de hoy? ¿Hemos tratado de cumplir todas nuestras obligaciones? ¿Hemos hecho lo mejor que podíamos y todo lo que podíamos, el día de hoy? Si es así, eso es justo lo que podemos esperar.

Es probable que no podamos responder afirmativamente a todas estas preguntas. Tal vez nos hayamos quedado cortos en algo o resbalado un poco en nuestros pensamientos o acciones, a pesar de nuestra buena voluntad. ¿Y qué? No somos criaturas perfectas. Debiéramos buscar pequeños progresos, en vez de lamentarnos por cualquier falta de perfección.

¿Qué podemos hacer ahora para levantarnos el ánimo? Podemos hacer algo *distinto* a tomar un trago. Todas las secciones de este libro hacen sugerencias en ese sentido.

Pero hay algo más, tal vez. ¿Hemos estado gozando de la vida últimamente? ¿O por el contrario, nos hemos mantenido tan preocupados por nuestro mejoramiento, manteniendo nuestra nariz tan sumamente pegada a la ternilla de nuestra recuperación, que hemos dejado de contemplar un atardecer? ¿O la luna nueva? ¿O deleitarnos con una buena comida? ¿O de tomarnos un merecido descanso? ¿O apreciar un buen chiste? ¿O gozar de algún afecto?

Puesto que el cuerpo busca normalizarse a sí mismo, tal vez el suyo agradezca las oportunidades de un necesario descanso. Goce deliciosamente las siestas perezosas, y aprecie el sueño tranquilo de una noche apacible. O tal vez usted tenga una sobreabundancia de energía que puede utilizar con propósitos de diversión y esparcimiento. Tanto como los otros aspectos de la vida, estos parecen necesarios para la realización completa de nuestro potencial humano.

Ahora es la ocasión, es el único tiempo de que disponemos. Y si no somos indulgentes con nosotros mismos en este instante, ciertamente no podemos esperar razonablemente el respeto o la consideración de las otras personas.

Hemos visto que podemos gozar en sobriedad cualquier buena ocasión que antes gozábamos bebiendo, pero ahora la gozamos mucho más. Es verdad que hace falta un poco de práctica, pero las recompensas bien merecen la pena del esfuerzo. Esta no es una actitud egoísta, sino autoprotectora. A menos que apreciemos nuestra propia recuperación, no podemos sobrevivir para convertirnos en gente altruista, ética y socialmente responsable.

17. VIGILAR LAS ALEGRIAS EXAGERADAS

Una gran cantidad de bebedores (alcohólicos o no) con el simple hecho de tomar una copa, cambian un estado de inestabilidad interna por un estado de gozo. Este método de evadir las penas para buscar el placer ha sido descrito como el "beber por escape".

Pero miles y miles de nosotros sabemos que frecuentemente ya estábamos en un estado agradable de la mente cuando empezábamos a beber. De hecho, si revisamos nuestras historias cuidadosamente, muchos de nosotros podemos ver que a menudo bebíamos para intensificar un estado de ánimo que ya estaba de por sí excitado.

Esta experiencia da campo a nuestra siguiente sugerencia: Tenga especial cuidado durante los momentos de celebración o esas oportunidades en las cuales se siente extraordinariamente bien.

Cuando las cosas nos marchan perfectamente, tan sumamente bien que nos sentimos como si no fuéramos alcohólicos, tengamos cuidado. En tales ocasiones (que ocurren aun después de varios años de sobriedad), el pensamiento de una bebida puede parecer muy natural, y se desvanece temporalmente la miseria de nuestros días de alcoholismo. El tomarnos una copa empieza a parecernos menos amenazante, y empezamos a pensar que tal vez no sería fatal, o siquiera peligrosa.

Con toda seguridad, *una* sola copa tal vez no lo sería para una persona normal. Pero nuestra experiencia con los problemas del alcohol nos muestra que una copa supuestamente inocua y segura puede hacernos peligrar a quienes no somos tan normales. Tarde o temprano, nos podrá persuadir que una copa más tampoco nos hará daño. Y luego tal vez pensemos en un par adicionales.

El trago en ocasiones de celebración o de ceremonia parece particularmente tentador a algunos de nosotros cuando tenemos motivos válidos para alegrarnos entre parientes o amigos joviales que pueden beber tranquilamente. Ese consumo parece que ejerce sobre nosotros una presión social para que tratemos de hacer lo mismo.

Tal vez esto se deba a que el tomar un trago de etanol o alcohol etílico ha sido siempre asociado en nuestra cultura con la diversión y las oportunidades alegres, así como también con algunos eventos de duelo o pesar. Las conexiones en nuestra mente pueden subsistir mucho tiempo después de haber aprendido que no tenemos necesidad de seguir bebiendo.

Sabemos ahora que hay muchas formas por medio de las cuales podemos defendernos de esta presión social para beber, tal como lo hemos descrito en la página 101. Brevemente recordemos que ninguna situación nos da la disculpa o "dispensa" de nuestro alcoholismo, la enfermedad que se ve activada tan pronto como empezamos a ingerir alcohol en cualquier ocasión, por cualquier razón, o por ninguna razón en absoluto.

Para algunos de nosotros, el impulso de tomarnos un trago agradable cuando nos estamos sintiendo particularmente bien es aún más insidioso cuando no tenemos un evento particular para celebrar, o no existe ninguna presión social para que bebamos. Nos puede ocurrir en los lugares y ocasiones más inesperados, y tal vez nunca lleguemos a entender las razones para que eso sea así.

Hemos aprendido ahora a no alarmarnos cuando llega a nuestra mente la idea de tomarnos un trago. Después de todo, es un pensamiento natural para que cualquiera lo tenga en los tiempos modernos, y especialmente es muy comprensible para nosotros que hemos tenido una práctica tan extensa en ese arte.

Pero el *pensamiento* de una bebida no es necesariamente lo mismo que el *deseo* de una bebida, y ninguno de los dos necesita sumergirnos en un océano. Ambos pueden ser apreciados simplemente como campanas de alerta para recordarnos los peligros del alcoholismo. Esos peligros son eternos, aún cuando nos sintamos tan sumamente bien como para empezar a preguntarnos si hay realmente el derecho de tener esa sensación de bienestar que a nosotros nos invade en ese momento.

18. "TOMELO CON CALMA"

¿Ha terminado usted en este instante de leer el capítulo precedente, y rápidamente se dispone a leer este capítulo? ¿Por qué? Tal vez pueda ser de que usted necesite poner en práctica el refrán "Tómelo con calma".

Como alcohólicos, generalmente tendíamos a apurar nuestras copas más rápidamente que las otras personas. Y muy raras veces nos sentíamos dispuestos a dejar que quedaran unas pocas gotas en el vaso de coctel, o un pequeño residuo en la botella.

Muchos de nosotros nos hemos divertido por nuestra aparente inhabilidad, que se nos presenta aun después de muchos años de sobriedad, para dejar a medio terminar una taza de café o un vaso de soda. Frecuentemente nos vemos tragando hasta la última gota de una bebida no alcohólica, como si...

Tal vez la mayor parte de nuestros lectores ya hayan entendido el punto: No es siempre fácil para nosotros dejar a un lado sin terminar el capítulo, o el libro que estamos leyendo. Parece que hay casi una compulsión para seguir hasta el final, en vez de tomar solamente una página o un capítulo o dos por día y el resto para otra oportunidad. No es que esta tendencia sea del todo mala. Para recuperarnos de una obsesión destructiva tal como la de beber, es muy sensato reemplazarla con una obsesión benigna, tal como la compulsión de buscar más y más conocimiento y ayuda para el problema alcohólico.

De manera que continúe leyendo, si lo prefiere. Es mucho más saludable que empezar a beber.

Pero cuando usted llegue al final de este capítulo, tal vez desee ensayar algo nuevo. Ponga a un lado este libro y revise su día. Vea cuántas veces usted hubiera podido retardar un poco el paso o tomar las cosas con un poco más de facilidad si se hubiera detenido a pensar en ello.

El refrán "Tómelo con calma" es una de las formas en que nosotros los A.A. nos recordamos uno a otro que muchos tenemos las tendencias a exagerar, de apurar las cosas, impacientes con cualquier cosa que trate de detenernos. Para nosotros es muy difícil descansar y tomarle sabor a la vida.

Cuando uno de nosotros se encuentra afanado para hacer algo o conseguir algo rápidamente, un amigo puede reconvenirlo gentilmente diciéndole, "Tómalo con calma". Luego se presenta un rayo de molestia contra el consejero. Y eso puede indicar que el consejo ha atinado en el blanco, ¿no es verdad?

Sí, sabemos que la impaciencia no está limitada en la actualidad a los alcohólicos. A medida que se acelera el proceso del cambio en nuestra civilización, más y más gente se siente presionada por el tiempo y empujada para afanarse y llegar a tiempo... ¿A qué? ¿Y con quién?

Esa presión no empuja a los bebedores dentro del alcoholismo, como cualquiera puede verificarlo. Solamente un pequeño porcentaje de bebedores desarrolla nuestro problema. Pero aquellos de nosotros que llegamos al alcoholismo vemos que compartimos la necesidad de aprender a descansar, adquirir un ritmo saludable, gozar de las pequeñas ganancias y aun de los placeres simples que encontramos en el camino, o sea, aprender a gozar de la jornada, en vez de correr afanosamente hacia nuestro destino. El horizonte siempre está en el mismo sitio. En ocasiones, vale la pena quedarnos quietos para observarlo, únicamente por darnos el placer de un paisaje apacible.

Algunos de nosotros encontramos repetidamente, también, que abarcamos más de lo que podemos apretar, haciéndonos cargo de muchos más compromisos que los que cualquier persona puede manejar.

Probablemente, podríamos aprender mucho acerca de esto de algunos pacientes cardíacos recuperados. Muchos de ellos se las arreglan para estar activos vigorosa y productivamente en una forma apacible que evita las prisas, las presiones innecesarias, y la esclavitud permanente del reloj.

Algunos de nosotros elaboramos rutinas para ayudarnos a mantener nuestras metas dentro de límites realistas y dentro del alcance de la posibilidad. Podemos hacer una lista de cosas que nos gustaría hacer hoy, y luego descartar deliberadamente la mitad o más de ella. Al día siguiente, otra lista.

O intencionalmente programamos algunas cosas con mucha anticipación, y nos enseñamos a dejarlas a un lado, en forma deliberada, hasta que se presente la ocasión.

Otros de nosotros vemos que las listas y los programas estrictos pueden volverse tiranos, obligándonos a concluir cada item, sin importarnos el tiempo y el esfuerzo. Por consiguiente eliminamos las listas durante algún tiempo. Sin tener la obligación que nos impone su dictadura, podemos aprender a movernos a un paso espontáneo y pausado.

Para muchos de nosotros, el sentarnos calmadamente durante 15 ó 20 minutos antes de empezar las actividades de cada día, nos ayuda a establecer un marco mental descansado y ordenado. Algunos de nosotros usamos métodos específicos de oración o meditación que hemos encontrado y que sirven particularmente bien para este propósito. Y aun durante un día muy atafagado, nos las arreglamos para sentarnos sin que nos disturben, con los ojos cerrados, para hacer una pausa de cinco minutos, y luego volver refrescados al trabajo.

Para algunos de nosotros, es más fácil aprender a mantener un paso calmado si tenemos la ayuda de otra persona. Es probable que seamos incapaces de generar nuestra propia paz, pero a veces podemos obligarnos a sentarnos calmadamente a escuchar a un amigo que haya alcanzado algún grado de serenidad. El dedicar nuestra atención completa a una persona distinta nos ayuda a restaurar nuestro equilibrio y nos da una nueva perspectiva sobre nuestras propias vidas, de manera tal que podamos ver que no *tenemos* la obligación de mantenernos a las carreras.

Para algunas personas son sumamente benéficas las sesiones más formales e institucionalizadas en que se busca la paz en compañía de otros (tales como los servicios religiosos, los retiros espirituales, y congregaciones similares).

O simplemente podemos decidir levantarnos más temprano de lo que acostumbramos, para poder hacer nuestras cosas con más tiempo y más calma. Con un poco de meditación, podemos llegar a elaborar nuestros horarios personales para que sean menos congestionados, más flexibles, y por consiguiente menos ofuscadores y apretados.

Cuando nos encontramos sumamente tensos o casi histéricos, podemos preguntarnos ocasionalmente, "¿Es que soy realmente tan indispensable?" o "¿Es esta prisa realmente necesaria?". Con gran alivio vemos frecuentemente que la respuesta más honesta es ¡NO! Todos estos trucos sirven realmente a la larga, no solo para ayudarnos a sobreponer nuestro problema alcohólico y las secuelas que contiene, sino que también nos capacitan para volvernos más productivos, porque conservamos y canalizamos nuestra energía en una forma más racional. Acomodamos las prioridades en una forma más sensata. Aprendemos que muchas acciones que en algunas oportunidades considerábamos vitales pueden eliminarse si son reexaminadas cuidadosamente. El preguntarnos "¿Qué tan importante es esto?" es frecuentemente un buen ejercicio.

Naturalmente, "Tómelo con calma" no nos proporciona una licencia para la pereza o para llegar tarde a los compromisos. Existen cosas que no deben posponerse hasta mañana. Una de ellas es el dejar de beber. Pero hay muchas otras cosas que si se posponen durante estas 24 horas, cuando las afrontemos estaremos mucho mejor equipados para manejarlas.

En cierta ocasión, una alcohólica sumamente enferma y agitada llamó a la oficina de A.A. y dijo que necesitaba ayuda ¡instantáneamente! Se le preguntó si podía esperar 20 ó 30 minutos hasta cuando alguien pudiera llegar a donde ella se encontraba. "¡NO!" respondió. "Mi médico me dijo que yo necesitaba ayuda inmediatamente, y no existe un momento que perder".

Y luego continuó, "¡Y esto me lo dijo anteayer!".

Nuestro corazón se conduele inmediatamente con alguien que se encuentre en esa penosa situación. Todos sabemos muy bien como se siente esa persona. La ayuda llegó en el término de una hora, y ahora ella cuenta la historia como un ejemplo de la forma como solía ser. Es casi increíble, cuando la vemos ahora reposada pero enérgica, calmada pero alerta.

Si a usted le parece deseable una fuerte coraza interior de paz, paciencia y tranquilidad, es posible obtenerla.

Recuérdese a sí mismo de vez en cuando que tal vez la velocidad ideal para este día es "Tomarlo con calma". Y este cambio puede empezar en este instante, ¿verdad?

19. SER AGRADECIDO

Una mujer miembro de A.A. recuerda que, aun durante lo más terrible de su carrera alcohólica, nunca perdió la fe. Y explica. "Yo tenía una fe firme e inquebrantable en el desastre. Cada mañana, mi primer pensamiento consciente era "¡oh, Dios mío, cuáles serán las nuevas dificultades que van a golpearme en este día!"

Cuando alguien tocaba a su puerta, ella sentía la seguridad de que era por alguna razón desagradable. Continuamente esperaba que el correo le trajese cuentas y malas noticias. Y si sonaba el teléfono, suspiraba anticipando los terribles acontecimientos que le iba a informar.

Un gasto tan tremendo de energía en las especulaciones negativas es muy conocido para muchos de nosotros; recordamos el oscuro panorama mental prevaleciente durante la etapa activa de nuestro alcoholismo. Mucha parte de eso, pudo ser simplemente un efecto farmacológico del alcohol, que es una droga depresiva. Cuando logramos que se desvanezcan las últimas moléculas de alcohol de nuestro sistema, gran parte de esa obnubilación desaparece.

Pero el hábito de pensar en forma neurótica y depresiva permanece en algunos de nosotros, hasta cuando aprendemos a descubrirlo y a desarraigarlo cuidadosamente.

No existe ninguna receta para el optimismo vacuo. No pretendemos que las dificultades no tengan sentido, ni queremos negar que todos debemos remontar algunas penalidades de vez en cuando. El dolor hiere realmente, y así también sucede con muchas otras clases de tristezas.

Sin embargo, ahora que nos sentimos libres del alcohol, tenemos mucho más control sobre nuestro pensamiento. Tenemos un campo más amplio en pensamientos, y nuestra mente ya no está empapada. Los pensamientos en los cuales preferimos gastar nuestro tiempo en un lapso cualquiera de 24 horas pueden influir fuertemente en la formación de nuestra sensación particular para ese día: brillante y saludable u opaco y desalentador.

Puesto que gran parte de nuestro pensamiento solía estar intrincadamente asociado con nuestro estilo de vida alcohólica, hemos visto que vale la pena observar estrechamente nuestros hábitos de pensamiento y buscar formas diferentes y mejores para utilizar nuestra mente.

Es probable que las ilustraciones siguientes no se ajusten exactamente a su caso, pero si los problemas son distintos tal vez las emociones podrán reconocerse por los tonos emocionales conocidos que las acompañan. Algunas están intencionalmente exageradas, para que el punto que queremos tratar se aclare en forma inequívoca. Otras pueden, a primera vista, aparecer triviales. Muchos de nosotros hemos visto que los cambios sutiles y pequeños son un magnífico punto de arranque para lograr la recuperación fuerte y substancial.

Cuando nuestra hijita empieza a dar sus primeros pasos y se cae, golpeándose la frente y armando un berrinche, es muy simple verificar si está seriamente herida o simplemente asustada. Entonces podemos tener la alternativa de gritar histéricamente porque la chiquilla se hirió o asustó, y empezar a preocuparnos por todo lo que pudo haber sucedido; o por el contrario podemos también mantener nuestra sangre fría y tratar de consolarla, dando gracias de que no haya ocurrido una lesión grave.

Cuando nuestro abuelo de 90 años de edad, fallece después de una larga y penosa enfermedad, tenemos otra alternativa. Podemos insistir en que lo único por hacer es rabiar en nuestra tristeza y maldecir por lo sorpresivo de ese desarrollo, o tragar nuestro sentimiento de culpa, y tal vez empezar a beber por ese motivo. O podemos también, además de ponernos tristes, recordar que él tuvo una vida larga, y probablemente buena y satisfactoria; que tratamos de hacer por él lo mejor que podíamos para manifestarle continuamente nuestro cariño; y que su sufrimiento e infelicidad ya dejaron de actuar. Es muy dudoso que él agradeciera nuestra utilización de su muerte como excusa para emborracharnos y poner en peligro nuestra salud.

Cuando finalmente logramos un lugar con el cual hemos soñado mucho tiempo, podemos concentrarnos en los inconvenientes que ofrece nuestro alojamiento, la dureza del clima, el que ya no podamos gozar tanto como antes, o lamentar el hecho de que solamente podemos disponer de unos pocos días o semanas. O por el contrario podemos sentirnos agradecidos por haber podido ir finalmente a ese lugar, y establecer mentalmente una lista de los placeres sanos que podemos encontrar si los buscamos.

Debemos también vigilar nuestra tendencia a decir, "Sí, pero…" en respuesta a cualquier afirmación optimista, positiva, o de felicitación. La buena suerte de un amigo o su apariencia juvenil, o la donación que hace algún personaje a una institución de beneficencia pueden tentarnos a decir amargamente, "Sí, pero…" Pero… ¿es que esta forma de pensar le ayuda a alguien, incluyéndonos nosotros mismos? ¿Es que no podemos dejar simplemente que sucedan las cosas buenas? ¿Es que no podemos sentirnos agradados por ello, en vez de tratar de degradarlas?

Aquellas personas que tratan de dejar el cigarrillo se dan cuenta de que existen dos posibilidades: la primera, refunfuñar continuamente acerca de lo difícil que es, "En esta ocasión, no podré hacerlo" o "ahí está, otra vez volví a encender otro cigarrillo"; o segundo, tratar de gozar la maravilla de una respiración libre de humo, alegrarnos de que hemos logrado hacer pasar otra hora sin fumar y, aun cuando inconscientemente volvamos a encender un cigarrillo, congratularnos por haber podido apagarlo antes de terminarlo totalmente.

Si alguno de nosotros se gana $ 500 en una lotería que tiene $ 50.000 de premio mayor, es muy fácil señalar cuál debe ser la actitud sensata. Seguramente es *no* amargarnos por no haber alcanzado el premio mayor.

Continuamente se nos presentan oportunidades para tomar alternativas similares a las consideradas, y nuestra experiencia nos convence que el sentir gratitud es mucho más confortable, y hace que la abstención sea mucho más fácil. El descubrimiento de que no es difícil desarrollar el hábito de la gratitud si hacemos el esfuerzo se nos presentará como una grata sorpresa.

Muchos de nosotros fuimos reacios a ensayar este sistema. Pero los resultados hablaron por sí mismos, y esto tenemos que admitirlo. Al principio tendremos que aprender a mordernos la lengua para no expresar el comentario cínico. Tendremos que tragar dos veces antes de que se nos escape una anotación positiva pero irónica de las que tanto utilizábamos durante nuestra vida de alcohólicos activos. Pero poco a poco se va volviendo más fácil, y puede convertirse en una fuerza poderosa y confortable dentro de nuestro proceso de recuperación. La vida está hecha para gozarse, y nosotros queremos aprender a gozarla.

Haciendo memoria de las épocas pasadas en nuestro período de bebedores, hemos recordado otra manifestación de negativismo, pero que también es del tipo de conducta que muchos han aprendido a cambiar; ese cambio en nuestras acciones ha traído también actitudes positivas y el mejoramiento de nuestros sentimientos.

Por alguna razón, gastamos una cantidad de tiempo pensando o haciendo notar, o hablando de lo equivocadas o lo incorrectas que eran persistentemente las otras personas. Para algunas, este cambio empieza con la tentativa voluntaria de esperar, y aceptar durante un momento la hipótesis de que posiblemente la otra persona pueda estar en lo cierto. Antes de apresurarnos a juzgar, suspendemos nuestra propia argumentación, escuchamos cuidadosamente, y tratamos de llegar a un resultado justo.

Puede que sí, puede que no, estemos equivocados. Esto no es lo importante aquí. Cualquiera que sea el resultado, temporalmente por lo menos nos hemos liberado de nuestra urgencia alcohólica de tener siempre la razón. Hemos visto que un sincero "Yo no sé" puede ser rejuvenecedor. El decir, "Estoy equivocado, usted tiene la razón" es muy nutritivo para nuestras mentes cuando nos sentimos suficientemente en paz con nosotros mismos como para no sentirnos molestos por estar equivocados. Hemos llegado al punto de sentirnos tranquilos y agradecidos por poder abrir nuestras mentes a nuevas ideas. Los más fervientes científicos siempre están alertas para aceptar los nuevos hechos que puedan probar que sus teorías están equivocadas, con el objeto de poder descartar las nociones falsas y llegar un poco más cerca de la verdad que están buscando.

Cuando logramos alcanzar una actitud mental similar, vemos que nuestro negativismo instantáneo ha empezado a evaporarse. Tal vez un ejemplo pueda clarificar la relación que existe entre el deseo de tener siempre la razón (o sea el negativismo de creer que todos los demás están equivocados), y la libertad de poder estar equivocados nosotros mismos, para asimilar y utilizar las nuevas ideas y las ayudas distintas para permanecer sobrios.

Muchos de nosotros, cuando bebíamos, teníamos la absoluta seguridad de que nuestra manera de beber no era perjudicial. No necesariamente que estuviéramos pendientes de eso, pero cuando escuchábamos a un sacerdote, un psiquiatra, o un miembro de A.A. hablar sobre alcoholismo, estábamos listos para responder que *nuestra* forma de beber era diferente, que no necesitábamos ninguna de las sugerencias que nos hacían estas personas. Aun en el caso de que pudiéramos admitir que teníamos alguna dificultad con nuestra bebida, estábamos seguros de que podríamos resolverla por nuestra propia cuenta. Por eso cerrábamos la puerta a cualquier tipo de información o de ayuda. Y detrás de esa puerta continuaba nuestro alcoholismo con mayor fuerza.

Nuestras dificultades tuvieron que ser muy terribles, y tuvimos que empezar a sentirnos muy desesperados para que pudiéramos abrir nuestras mentes un poquito y dejar entrar alguna luz que nos pudiera ayudar.

Para millares de nosotros, uno de los más claros recuerdos que incorpora la sabiduría de "ser agradecidos" es el recordar aquello que dijimos y pensamos originalmente acerca de Alcohólicos Anónimos cuando tocó por vez primera nuestra atención.

"Eso está bien para ellos, pero yo no estoy tan mal, de manera que eso no es para mí".

"He visto algunos antiguos miembros de A.A. que andan borrachos en las tabernas. Por lo que ellos dicen, yo puedo asegurar que eso tampoco me podrá servir a mí".

"Conocí a un tipo que se unió a A.A. se volvió un tipo rígido, fanático, aburrido e intolerante".

"Me aburre toda esa habladera acerca de Dios y tener que asistir a las reuniones. Por otra parte, yo nunca he sido gregario".

Hoy en día, la sinceridad nos obliga a admitir que hemos gastado más tiempo concentrándonos en esas opiniones negativas, y reforzando nuestras razones para beber, del que invertimos realmente investigando a A.A. con una mentalidad abierta. Esa investigación era muy poco científica. Por el contrario, fue superficial y pesimista, una búsqueda de las cosas que no nos iban a gustar.

Nosotros no hablamos con un número suficiente de miembros recuperados, ni leímos profundamente la literatura disponible sobre y acerca de A.A. Si no nos gustaron algunas cosas o personas que encontramos en A.A., inmediatamente rechazamos a toda la Comunidad para tener la excusa de que habíamos ensayado, pero no nos sirvió. (¡Esto nos recuerda al hombre que dijo que no le gustaba la lectura porque en una ocasión había leído un libro que no le había satisfecho!).

Ahora vemos claramente que hubiéramos podido actuar en otra forma. Hubiéramos podido dedicar algún tiempo a buscar las cosas que nos gustaban en A.A., formas distintas en que pudiéramos aprovecharlo mejor, ideas y afirmaciones con las cuales pudiéramos estar de acuerdo. Hubiéramos podido sentirnos agradecidos de que A.A. reciba afectuosamente a sus visitantes, y que no les obligue a tomar decisiones inmediatas. Podríamos sentirnos agradecidos de que A.A. no tenga cuotas, ni matrículas y no exija adherencia formal a ninguna doctrina, regulación o ritual. Si algunos de los A.A. nos parecieron charlatanes, había simultáneamente otros miembros sobrios, calmados y que hablaban más de acuerdo con nuestra manera de pensar. Hubiéramos podido tratar de investigar por qué hay tantos expertos y eminentes profesionales que han apoyado a esta comunidad durante tantos años. Algo de todo esto debe ser bueno.

Hemos aprendido, que en muchas ocasiones el permanecer sobrio puede depender simplemente de hacer esta elección. Podemos gastar muchas horas buscando razones para convencernos de que deseamos o necesitamos o intentamos tomarnos un trago. O por el contrario podemos invertir el mismo tiempo haciendo una lista de las razones por las cuales la bebida no es conveniente para nosotros y la abstinencia es mucho más saludable, llenándonos así de ideas, de acciones que podemos llevar a cabo en lugar de beber.

Cada uno de nosotros hace a su manera esa elección. Nos sentimos muy agradados cuando alguien escoge una decisión similar a la nuestra. Pero ya sea que usted esté interesado en A.A. o no, ofrecemos nuestros buenos deseos para cualquier persona que trate de permanecer sobria en cualquiera de las maneras posibles. Por consiguiente vivimos agradecidos de tener la libertad de hacerlo en las formas que se han descrito aquí.

20. RECORDAR LA ULTIMA BORRACHERA

No se trata aquí de recordar el último trago, sino la última borrachera.

El término "un trago" ha despertado ecos y expectativas muy agradables en millones de personas durante muchos siglos.

Según nuestras condiciones de edad, y las circunstancias que han rodeado nuestra primera experiencia con el alcohol, tenemos diversos recuerdos y esperanzas (y en ocasiones, ansiedades) que se despiertan con la idea de una cerveza helada, un coctel, una ginebra con tónica, un aperitivo, una copa de vino, etc., etc.

Repetidamente, en los primeros tiempos de bebida, las expectativas de muchas personas, fueron plenamente realizadas por ese trago tan ansiado. Y si esto acontecía con suficiente frecuencia, aprendimos a pensar en "un trago" como evento satisfactorio, porque impulsaba nuestra necesidad para conformarnos a una costumbre religiosa, aplacaba nuestra sed, volvía grata la ocasión social, nos descansaba, nos animaba, o nos proporcionaba la clase de satisfacción que buscábamos en él.

No es difícil para un finlandés, por ejemplo, cuando oye a alguien sugerir un trago, recordar la agradable sensación de calor que le proporcionaba un trago de vodka o de aquavit en los gélidos días de invierno de su juventud.

Una mujer joven, cuando se le mencione un trago, visualizará instantáneamente una fina copa de champaña, en medio de un ambiente sofisticado, con trajes nuevos y un galante admirador que la invitará a bailar. Otra podrá pensar en la garrafa que le brinda un barbado compañero con chaqueta de lana, mientras resuena la música de rock, titilan las luces psicodélicas dentro de un ambiente lleno de humo de olor dulce, y cuando todas las personas se encuentran en éxtasis.

Un miembro de A.A. dice que la idea de "un trago" le trae a la memoria el sabor de una pizza acompañada de una buena cerveza. Una viuda de 78 años recuerda inevitablemente el sabajón que solía tomar a la hora de acostarse.

Aunque son perfectamente naturales, esas imágenes mentales son para nosotros motivo de desorientación. Esas fueron las maneras en que algunos de nosotros empezamos a beber, y de haber continuado así toda la historia de nuestro alcoholismo, es muy probable que no se nos hubiera desarrollado un problema tan enorme.

Sin embargo, la mirada objetiva y casi temeraria a nuestro registro completo de bebedores, nos muestra que en los últimos años y meses nuestra forma de beber nunca originó esos momentos perfectos y mágicos, a pesar de lo mucho que los buscábamos.

Por el contrario, siempre terminábamos bebiendo más y más, con un resultado que siempre era problemático. Tal vez no se trataba más que de un descontento interior, la sensación desagradable de que estábamos bebiendo demasiado, pero frecuentemente teníamos disgustos conyugales, problemas de trabajo, enfermedades graves, accidentes o preocupaciones legales o financieras.

Por consiguiente, cuando nos acomete la idea de "un trago", tratamos ahora de recordar toda la serie de consecuencias que se iniciaban con ese único trago. Pensamos en la bebida a través de toda nuestra historia, que desembocó en nuestra última boracherra y nuestra última resaca desastrosa y miserable.

El amigo que nos ofrece un trago generalmente no trata de ofrecernos más que una o dos copas amigablemente. Pero si tenemos el cuidado de recordar todo el sufrimiento que nos proporcionó nuestro último episodio de bebida, no nos dejamos engañar por nuestra agradable noción de lo que "un trago" significa. La verdad fisiológica y sencilla para nosotros, en la actualidad, es que un trago con toda seguridad nos conducirá tarde o temprano a una borrachera, y eso significa más problemas.

El beber ya no significa *para nosotros* música, alegría y romance. Solo nos trae enfermedad y desolación.

Un miembro de A.A. lo expresa en esta forma: "Yo sé muy bien que el detenerme en un bar a tomarme un trago ya nunca más será para mí, una cuestión de algunos pocos momentos y algunas pocas monedas. A cambio de ese trago, lo que yo entrego ahora es mi cuenta bancaria, mi familia, mi hogar, mi auto, mi trabajo, mi salud, y probablemente mi vida. Es un precio demasiado alto, un riesgo demasiado grande, para cambiarlo por un trago.

Este miembro recuerda su última borrachera, no solo su último trago.

21. EVITAR LAS DROGAS Y MEDICAMENTOS PELIGROSOS

El uso de diversas sustancias químicas para cambiarse de temple o modificar las emociones es una práctica humana muy antigua y muy difundida. Es probable que el alcohol etílico fuera la primera droga para este uso y puede que haya sido siempre la más popular.

Algunas drogas tienen un valor real y son benéficas cuando son administradas por médicos informados, si se usan sólo según las indicaciones y si se discontinúa el uso cuando ya no constituye una necesidad médica.

Como miembros de A.A. — no médicos — no somos de ninguna manera competentes para recomendar cualquier medicamento. Tampoco somos competentes para aconsejar a nadie que no tome un medicamento recetado.

Lo que podemos hacer con responsabilidad es solamente ofrecer nuestra experiencia personal.

Para nosotros la bebida se convirtió en una especie de automedicación. A menudo bebimos para sentirnos mejor, menos enfermos.

Y miles de nosotros también hicimos uso de otras sustancias químicas. Descubrimos los estimulantes que parecían contrarrestar la resaca o aliviar nuestra depresión (hasta que ellos también llegaron a deprimirnos), los sedativos y tranquilizantes que podían sustituirse por el alcohol y calmar los temblores, las píldoras y jarabes que se venden sin receta (muchos de los cuales se suponen "no adictivos" o que "no crean hábitos"), que nos ayudaban a dormir o nos vigorizaban o relajaban nuestras inhibiciones, o nos transportaban en oleadas exquisitas.

Evidentemente, este vivo deseo, casi una necesidad, de drogas psicotrópicas (que afectan a la mente) puede estar arraigada en toda persona que bebe en exceso.

Aunque teóricamente una droga no sea, en términos farmacológicos, adictiva, hemos encontrado que fácilmente podemos formar un hábito y llegar a ser dependientes de ella. Es como si "una propensión a la adicción" fuera algo que existe dentro de nosotros, y no tuviera nada que ver con la clase misma de la droga. Algunos de nosotros creemos que nos hemos convertido en gente "adictiva," y nuestra experiencia habla en apoyo de esta idea.

Por eso hacemos un gran esfuerzo por evitar todas las drogas ilícitas, e incluso muchas de las píldoras y panaceas que se venden sin receta, así como los tranquilizantes.

Incluso para aquellos de entre nosotros que nunca nos hemos enviciado en ninguna droga, ellas representan un peligro serio, porque lo hemos visto demostrado repetidas veces. A menudo, las drogas despiertan de nuevo un deseo ardiente de "la magia oral," de algún tipo de estar subido, o de la tranquilidad. Y si las tomamos una o dos veces sin perjuicio, parece cada vez más fácil tomar una copa.

A.A. no es un grupo de presión contra las drogas o la marijuana. Como sociedad, no adoptamos ninguna posición jurídica o moral pro o contra la marijuana o cualquier otra sustancia de esta índole. (Sin embargo, todo miembro tiene derecho, como lo tiene cada persona adulta, a tener su propia opinión sobre estos asuntos, y a actuar sobre ellos de la manera que le parezca justa.)

Esto es algo parecido a la posición — o tal vez sería mejor decir "no posición" — de los miembros de A.A. sobre las bebidas alcohólicas. Como sociedad, no somos anti-alcohol, ni nos oponemos a la bebida para los millones de individuos que pueden tomarla sin hacer daño a sus propias personas o a otras.

Algunos (pero no todos) de nosotros que nos hemos mantenido sobrios durante algún tiempo estamos perfectamente dispuestos a servir bebidas alcohólicas en nuestras casas a invitados no alcohólicos. Beber o no beber es asunto suyo. No beber, o beber si queremos, es de la misma manera asunto nuestro, y no tenemos nada en contra de los que beben. En general, hemos llegado a la conclusión de que la bebida es mala *para nosotros*, y hemos encontrado modos de vivir sin la bebida que preferimos a nuestros días de borrachos.

No todos, pero bastantes alcohólicos encuentran que su organismo manifiesta una tolerancia a las drogas analgésicas, de manera que les sea necesario tomarlas en cantidades grandes cuando requieren un analgésico o anestésico como necesidad médica.

Algunos dicen que tienen reacciones adversas a los anestésicos locales (por ejemplo, la Novocaína) inyectados por los dentistas. Al menos, estamos nerviosos en extremo cuando nos levantamos de la silla, y esta condición puede durar bastante tiempo, a menos que podamos echarnos un rato, hasta que se disipe. (En estos momentos la compañía de otro alcohólico recuperado nos puede sosegar.)

Otros alcohólicos recuperados dicen que no sufren de estos efectos adversos. Nadie tiene ninguna idea sobre cómo pronosticar los casos en que dichas reacciones van a manifestarse. De todos modos, es prudente decirle a nuestro médico, dentista o anestesista la pura verdad de nuestra antigua costumbre de beber (y de tomar las píldoras, si así fue), lo mismo como nos aseguramos de que sepan de otros detalles de nuestras historias médicas.

Los dos relatos que siguen, parecen tipificar la experiencia de A.A. con las drogas psicotrópicas (que afectan la mente) diferentes del alcohol.

Uno de nosotros, casi treinta años sobrio, decidió que quería probar la marijuana, que nunca había fumado antes. Pues, lo hizo. Le gustaban los efectos, y durante algunos meses, según creía él, podía utilizarla en ocasiones sociales sin problema alguno. Luego, alguien le dijo que sólo un sorbo de vino intensificaría el efecto, y lo ensayó, sin pensar en su mala historia del alcoholismo. Después de todo, sólo tomaba un sorbo de vino muy suave.

Dentro de un mes, estaba bebiendo mucho y se dio cuenta de que estaba esclavizado de nuevo por el alcoholismo agudo.

Podemos añadir otros cientos de comillas al final de esta historia, tantas veces ha sido repetido, sólo con pocas modificaciones. Con agrado les podemos decir que esta persona se hizo sobrio, y también dejó de fumar la marijuana; desde hace dos años ha estado libre de la bebida y de la hierba. De nuevo él es un alcohólico sobrio, activo y feliz, disfrutando de su vida en A.A.

No todos los que han probado la marijuana han logrado recuperar la sobriedad. Para algunos de estos miembros de A.A., fumar la marijuana les ha conducido a volver a beber, y han avanzado en su adicción original hasta la muerte.

El segundo cuento trata de una mujer joven, diez años sobria, que fue hospitalizada para sufrir una delicada operación. Su médico, que era experto en alcoholismo, le dijo que, después de la operación, sería necesario administrarle una o dos veces, una dosis de morfina, como analgésico; pero le aseguró que después no la necesitaría más. Nunca había tomado nada más fuerte que una aspirina, y ésta raramente, en dolores de cabeza.

Dos noches después de la operación, le pidió al médico que le diera a ella una dosis más de morfina. Ya ha recibido dos. El médico le preguntó: "¿Tienes dolores?"

"No," ella respondió. Y luego añadió con toda inocencia: "Pero puede que más tarde vaya a tenerlos."

Cuando el médico le sonrió, ella se dio cuenta de lo que había dicho y de lo que, evidentemente, significaba. De alguna manera, su cuerpo y mente ya estaban deseando la droga.

Ella se echó a reír, y no insistió; desde entonces no ha sentido ese deseo. Cinco años después, todavía se mantiene sobria y en buena salud. Habla del incidente para ilustrar su creencia de que toda persona que hubiera tenido un problema con la bebida, tendría una "propensión a la adicción" permanente.

De aquí que la mayoría de nosotros tratemos de asegurarnos de que cualquier médico o dentista que nos atiende, esté informado sobre nuestra historia personal y bastante enterado del alcoholismo como para tener conciencia de los riesgos que corremos al tomar las medicaciones. Y tomamos cuidado en lo que usamos por nuestra propia cuenta; evitamos los jarabes para la tos que contienen alcohol, codeína o bromuros, y todos los elíxires, los polvos, los analgésicos sintéticos, licores y vapores, a veces abundantemente repartidos por farmacéuticos no autorizados o anestesistas amateurs.

¿Por qué correr un riesgo?

Hemos visto que no es difícil en absoluto evitar estas situaciones peligrosas — sólo por razones de la salud, no de la moralidad. En A.A., hemos logrado llevar una vida libre de drogas que, para nosotros, es mucho más agradable que lo que experimentamos cuando tomamos las sustancias psicotrópicas.

De todos modos, la "magia" química que sentimos a causa del alcohol (o los sustitutos por el alcohol) era algo privada y egoísta. No podíamos compartir las sensaciones agradables con nadie. Ahora, nos gusta compartir, los unos con los otros en A.A., o con cualquier persona, nuestra felicidad natural, no drogada.

Andando el tiempo, el sistema nervioso se vuelve sano y está condicionado a la ausencia de drogas psicotrópicas, como el alcohol. Cuando nos sentimos más cómodos sin las sustancias químicas que sentíamos antes, cuando éramos dependientes de ellas, llegamos a aceptar nuestras emociones normales y a confiar en ellas, ya sean altas o bajas. Entonces, tenemos la fortaleza para tomar decisiones sanas e independientes, sin entregarnos como antes al impulso o al deseo, producido por una droga, de satisfacción inmediata. Podemos ver y considerar más aspectos de la situación que podíamos antes; podemos diferir la satisfacción por un beneficio más perdurable; y podemos sopesar más justamente no sólo nuestro propio bienestar, sino también el de las personas a quienes queremos.

Sencillamente, ahora no nos interesan más los sustitutos quími-
cos por la vida, ya que sabemos lo que es la vida auténtica.

22. ELIMINAR LA AUTOCOMPASION

Esta emoción es tan desagradable que nadie que esté en sus cabales quiere admitir padecerla. Aun cuando estamos sobrios, muchos de nosotros hacemos cuanto está a nuestro alcance para ocultarnos a nosotros mismos el hecho de que estamos atrapados en una telaraña de autocompasión. No nos gusta que se nos diga que sale a flote esta emoción, y rápidamente tratamos de argumentar que estamos experimentando una emoción distinta a esa tremenda sensación de "pobre de mí". O podemos también, en un segundo, encontrar una docena de razones perfectamente legítimas para sentirnos algo tristes por nosotros mismos.

Mucho tiempo después de habernos desintoxicado pende sobre nosotros el sentimiento tan conocido del sufrimiento. La autocompasión es una arena movediza. El hundirnos en ella requiere mucho menos esfuerzo que la esperanza, la fe, o el simple movimiento.

Los alcohólicos no tenemos este monopolio. Cualquier persona que pueda recordar un dolor o enfermedad durante la niñez puede probablemente recordar también el alivio de lamentarnos por lo mal que nos sentíamos, y la casi perversa satisfacción de rechazar toda clase de consuelo. Casi todos los seres humanos, pueden simpatizar profundamente con el clamor infantil de "¡Déjenme solo!".

Una de las formas que toma la autocompasión en nosotros cuando dejamos de beber es: "¡Pobre de mí! ¿Por qué no puedo yo beber como todos los demás? ¿Por qué me tuvo que haber sucedido esto a *mí*? ¿Por qué tengo *yo* que ser un alcohólico? ¿Por qué *yo*?

Ese pensamiento es el gran tiquete de entrada a un bar, pero no es más. El llorar sobre una pregunta sin respuesta es como lamentarnos por haber nacido en esta era, y no en otra, o en este planeta, en vez de haber nacido en una remota galaxia.

Por supuesto, descubrimos que no se trata únicamente del "mí", cuando empezamos a encontrar alcohólicos recuperados en todo el mundo.

Posteriormente, nos damos cuenta de que hemos empezado a vivir en paz con esa pregunta. Cuando llegamos realmente a acertar en una recuperación agradable, o bien encontramos la respuesta o simplemente perdemos interés en la investigación. Usted reconocerá este evento cuando le suceda. Muchos de nosotros creemos haber encontrado las razones poderosas que nos llevaron al alcoholismo. Pero aun en el caso contrario, continúa la necesidad mucho más importante de aceptar el hecho de que no podemos beber, y actuar en consecuencia. No es realmente una acción muy efectiva la de sentarnos en nuestra propia laguna de lágrimas.

Algunas personas muestran un celo especial para rociar sal sobre sus propias heridas. A menudo sobrevive en nosotros una feroz eficiencia en ese juego inútil que proviene de nuestros días de bebedores.

También podemos desplegar una extraña capacidad para convertir una pequeña molestia en todo un universo de lamentos. Cuando el correo nos trae la cuenta del teléfono, nos sentimos abrumados por nuestras deudas, y declaramos formalmente que *nunca* podremos terminar de pagar. Cuando se nos quema un asado, lo consideramos como una prueba de que nunca podremos hacer algo a derechas. Cuando llega el auto nuevo, decimos confidencialmente, "Con la suerte que yo tengo, algo me va a suceder".

Es como si lleváramos a nuestras espaldas un morral lleno de recuerdos desagradables, tales como heridas y rechazos de nuestra niñez. Veinte, o cuarenta años después, ocurre un acontecimiento de menor importancia comparable a uno de aquellos que tenemos guardados en la bolsa. Esa es la ocasión en que nos sentamos, destapamos la bolsa, y empezamos a sacar de ella con todo cuidado, aquellas heridas y rechazos del pasado. Con un recuerdo emocional total, volvemos a vivir cada una de esas frustraciones vívidamente, ruborizándonos de vergüenza por las timideces de nuestra niñez, mordiéndonos la lengua por las ideas antiguas, repasando las antiguas disputas, temblando con temores casi olvidados, y tal vez llorando de nuevo por un fracaso amoroso de nuestra juventud.

Esos son casos extremos de autocompasión genuina, pero no son difíciles de reconocer para aquellas personas que alguna vez han tenido, visto o deseado esa sensación lacrimosa. Su esencia es la autoabsorción total. Podemos llegar a sentirnos tan estridentemente preocupados por nosotros mismos que perdemos el contacto con todos los demás. No es muy fácil congeniar con alguien que actúe en esa forma, excepto un niño enfermo. Por eso cuando nos sentimos en esa situación de "pobrecito yo", tratamos de esconderla, particularmente de nosotros mismos, pero no existe forma de librarnos de ella.

Por el contrario, necesitamos arrojar de nosotros esa absorción, ponernos de pie, y dar una mirada sincera a nuestro proceder. Tan pronto como conocemos la autocompasión, podemos empezar a hacer algo acerca de ella, algo diferente de beber.

Los amigos pueden sernos de mucha ayuda si son lo suficientemente íntimos como para poder hablarles francamente. Ellos pueden escuchar las notas falsas de nuestro canto de lamentos y decírnoslo así. O probablemente nosotros mismos podemos escucharlas; y empezamos a poner en orden nuestros sentimientos por el simple expediente de expresarlos en voz alta.

Otra arma excelente es el humor. Algunas de las más resonantes carcajadas en las reuniones de A.A. se escuchan cuando un miembro describe su última orgía de autocompasión, y los asistentes nos vemos a nosotros mismos en ese espejo de diversión. Allí nos vemos hombres y mujeres adultos envueltos en el pañal emocional de un bebé. Puede ser un choque, pero la carcajada compartida ahuyenta muchos de los dolores, y el efecto final es muy saludable.

Cuando observamos la iniciación de nuestra autocompasión, podemos también tomar una acción contra ella con un libro de inventario instantáneo. Por cada anotación de miseria en la columna del debe, podemos anotar una bendición en la columna del haber. La salud de que gozamos, la enfermedad que no tenemos, los amigos que hemos amado, el clima soleado, la buena comida que nos espera, el gozar de todas nuestras facultades, el cariño que se nos proporciona, la amabilidad que recibimos, las 24 horas de sobriedad, el trabajo de una hora, el buen libro que estamos leyendo, y muchas otras causas de satisfacción que pueden totalizarse para contrarrestar el débito que causa la autocompasión.

También podemos usar el mismo método para combatir las depresiones de los días festivos, que no suceden únicamente a los alcohólicos. Navidad, año nuevo, cumpleaños y aniversarios arrojan a muchas personas dentro de las marañas de la autocompasión. En A.A. podemos aprender a reconocer esa antigua inclinación para concentrarnos en la tristeza nostálgica, o mantener en circulación una letanía de lo que hemos perdido, de la gente que nos desprecia, y de lo pequeños que nos sentimos al compararnos con los ricos y los poderosos. Para contrarrestar esto, añadimos al otro lado del libro mayor nuestra gratitud por la salud, por las personas amadas que nos rodean, por nuestra habilidad para dar amor, ahora que vivimos en la sobriedad. Y nuevamente, el balance mostrará utilidades.

23. BUSCAR AYUDA PROFESIONAL

Probablemente todos los alcohólicos recuperados han necesitado y buscado ayuda profesional del tipo que A.A. no suministra. Por ejemplo, los dos primeros miembros de A.A., sus co-fundadores, necesitaron y recibieron la ayuda de médicos, hospitales y clérigos.

Tan pronto como empezamos a mantenernos sobrios, muchos de nuestros problemas parecen desvanecerse. Pero quedan o afloran ciertos asuntos que requieren atención experta y profesional, como la que puede ofrecer un ortopedista, el abogado, el ginecólogo, el dentista, el dermatólogo, o el consejero psicológico.

Puesto que A.A. no suministra estos servicios, confiamos en la comunidad profesional para orientación laboral o asistencia vocacional, consejos en las relaciones domésticas, en los problemas psiquiátricos, y en muchas otras de nuestras necesidades. A.A. no presta ayuda financiera, ni da comida, vestido, o vivienda a los bebedores problema. Pero existen muchas instituciones profesionales dedicadas a ayudarle al alcohólico que está sinceramente tratando de permanecer abstemio.

La necesidad de una mano que nos ayude no es un signo de debilidad ni causa de vergüenza. Es ridículo el "orgullo" que hace que uno se abstenga de recibir un empuje proveniente de un consejero profesional. No es más que vanidad, y un obstáculo para la recuperación. Mientras más maduro se va uno volviendo, más propicio se muestra para utilizar el mejor consejo y ayuda de que pueda disponer.

Al examinar "casos reales" de alcohólicos recuperados, podemos ver claramente que todos nosotros hemos aprovechado, en una u otra ocasión, los servicios especializados de psiquiatras, médicos, enfermeras, consejeros, trabajadores sociales, abogados, clérigos y otros profesionales. El texto básico de A.A., "Alcohólicos Anónimos", recomienda específicamente buscar ese tipo de ayuda. Afortunadamente, no hemos encontrado conflicto entre las ideas de A.A. y el consejo bien orientado de un profesional que tenga conocimientos claros acerca del alcoholismo.

No podemos negar que hay muchos alcohólicos que han tenido experiencias infortunadas con algunos hombres y mujeres profesionales. Pero los no alcohólicos, también han tenido tales experiencias. No existe el médico, pastor, o abogado, absolutamente perfecto, que nunca haya cometido un error. Y mientras haya gente enferma en el mundo, es muy probable que nunca llegue la época en que al tratar con la enfermedad no se cometan errores.

Para ser justos, tenemos que confesar que los bebedores problema no somos exactamente la gente más fácil de ayudar. Frecuentemente mentimos. Desobedecemos las instrucciones. Y cuando recobramos la salud, criticamos al médico por no reconstruir más rápidamente el daño que nosotros nos hicimos a lo largo de muchos meses, o años destructivos. No todos nosotros pagábamos nuestras cuentas oportunamente. Y, una y otra vez, tratamos de sabotear la buena atención y el consejo, para que la persona profesional se sintiera "equivocada". Esas eran ganancias pírricas, porque al final quienes sufrían las consecuencias éramos nosotros.

Algunos de nosotros nos damos cuenta ahora de que nuestra conducta hacía más difícil obtener el buen consejo o cuidado que realmente necesitábamos. Una forma de explicar esa conducta contradictoria es afirmar que era dictada por nuestra enfermedad. El alcohol es engañoso e insidioso. A quien se encuentra bajo el dominio de sus cadenas puede obligarlo a portarse en una forma autodestructiva, contra su mejor juicio y contra sus verdaderos deseos. Nosotros no tratamos voluntariamente de hacernos daño en nuestra salud; nuestra adicción al alcohol lograba protegerse a sí misma contra los efectos bienhechores de los agentes de la salud.

Si ahora nos vemos a nosotros mismos abstemios pero todavía tratando de desorientar a los profesionales realmente expertos, puede ser una señal de alarma. Porque puede significar que el alcoholismo activo está nuevamente tratando de deslizarse dentro de nosotros.

En algunos casos, las diversas opiniones y recomendaciones que se obtienen de otros alcohólicos recuperados pueden hacer difícil a un recién llegado el buscar una buena ayuda profesional. Así como cada persona tiene un remedio favorito para la gripa, casi todos nosotros tenemos nuestros médicos favoritos, como también profesionales que nos caen particularmente mal.

Naturalmente, es muy conveniente extraer la experiencia acumulada de los alcohólicos que ya se encuentran en un proceso definido de recuperación. Pero lo que funciona bien para los demás no necesariamente deberá funcionar para usted. Cada uno de nosotros tiene que aceptar la responsabilidad final de su propia acción o inacción. Es algo que compete a cada individuo.

Después de que usted haya considerado las diversas posibilidades, consultado con amigos, y examinado las ventajas y desventajas, la decisión de obtener y utilizar la ayuda profesional es enteramente suya. El tomar o no tomar Antabuse, el someterse a la psicoterapia, el volver al colegio o cambiar su trabajo, hacerse una operación, someterse a dieta, dejar de fumar, aceptar o rechazar el consejo de su abogado acerca de los impuestos, todas estas son decisiones que usted mismo tiene que tomar. Le respetamos el derecho de tomarlas, y de cambiar su mente cuando las circunstancias lo hagan necesario.

Naturalmente, no todos los médicos o psicólogos, o expertos científicos están totalmente de acuerdo con todo lo que afirmamos en este folleto. Eso es perfectamente comprensible. Ellos no tienen la experiencia personal que hemos tenido nosotros con el alcoholismo, y muy pocos de ellos han conocido a tantos bebedores problema durante tanto tiempo como nosotros mismos. Por otro lado, nosotros no tenemos la educación profesional ni la disciplina con que ellos se prepararon para el cumplimiento de su actividad.

Esto no quiere decir que nosotros estemos equivocados y ellos en lo cierto, o viceversa. Nosotros y ellos tenemos papeles enteramente distintos y responsabilidades diferentes al tratar de ayudar a los bebedores problema.

Pueda ser que usted tenga la misma fortuna en estos aspectos que hemos tenido muchos de nosotros. Millares de nuestros miembros se encuentran profundamente agradecidos del incontable número de hombres y mujeres profesionales que han tratado de ayudarles.

24. EVITAR LOS ENREDOS EMOCIONALES

Son historia antigua los romances entre los pacientes y sus médicos o enfermeras o entre los pacientes entre sí. Los alcohólicos en recuperación son susceptibles a la misma fiebre. De hecho, el alcoholismo no parece proporcionar inmunidad para las debilidades humanas conocidas.

La tristeza nace en el corazón impetuoso, dice el antiguo refrán. Y otros problemas incluyendo el ataque alcohólico, también nacen en el mismo barbecho.

Durante nuestros días de botellas, vasos, y copas, muchos de nosotros gastamos una considerable cantidad de tiempo preocupándonos acerca de los lazos personales íntimos. Ya fuese que deseáramos compañía ocasional o relaciones a largo alcance, frecuentemente nos preocupábamos por los profundos compromisos (o falta de compromisos) con las demás personas.

Muchos de nosotros echábamos la culpa de nuestra bebida a la falta de afectos, y nos veíamos constantemente en búsqueda de amor, al mismo tiempo que bebíamos incansablemente en esa búsqueda intensa. Otros de nosotros gozaban aparentemente de todas las ataduras emocionales que necesitaban o deseaban, pero de todas maneras seguían bebiendo. En una u otra forma, el alcohol no logró hacer madurar la comprensión del amor, ni incrementó nuestra capacidad para recibirlo y manejarlo en caso de que se nos presentase. Por el contrario, nuestras vidas alcohólicas hacían que nuestro ego emocional estuviese permanentemente deformado, deteriorado, torcido, cuando no enteramente desviado.

Por eso, según lo demuestra nuestra experiencia, los primeros días de abstención son muy propicios para que se nos presenten períodos de gran vulnerabilidad emocional. ¿Será esta condición un efecto farmacológico ulterior a la bebida? O es un estado natural en cualquier persona que desee recuperarse de una larga y tremenda enfermedad? ¿O indica una falla enorme en la personalidad? La respuesta no tiene mayor importancia al principio. Cualquiera que sea la causa, la condición es lo que realmente hay que vigilar, porque nos puede llevar a beber más rápidamente de lo que el ojo, el cerebro o el corazón puedan darse cuenta.

Hemos visto que ese tipo de recaídas sucede en formas diversas. Con el gran alivio y satisfacción de sentirnos bien en los principios de una recuperación, podemos "enamorarnos" de la gente nueva que conocemos, tanto en A.A. como fuera de ella, especialmente cuando muestran un sincero interés por nosotros, o parecen mirarnos con admiración. El estado de excitación que esto nos produce puede hacernos altamente susceptibles a un trago.

También puede presentarse el caso opuesto emocionalmente. Podemos parecer tan idiotizados que somos casi inmunes al afecto durante un tiempo después de haber suspendido la bebida. (Algunos expertos nos dicen que es muy común que las personas no tengan interés o mayor capacidad para el sexo durante muchos meses después de haber dejado de beber, pero ese problema se va solucionando por sí mismo en forma maravillosa a medida que va retornando la salud. ¡Nosotros lo sabemos por experiencia!). Mientras no logramos asegurarnos de que ese entumecimiento nos pasará, el volver a la bebida nos parece un atractivo "remedio", que conduce a situaciones aún peores.

Nuestra débil condición emocional afecta también nuestros sentimientos hacia los viejos amigos y familiares. Para muchos de nosotros, estas relaciones parecen mejorarse rápidamente a medida que vamos adquiriendo la recuperación. Para otros, se presenta un período de irritación en el hogar; ahora que estamos sobrios, tenemos que definir cuáles son nuestros sentimientos reales acerca de la esposa, los hijos, vecinos, parientes, amigos, para reexaminar nuestra conducta con ellos. También hay que dedicar atención a los compañeros de trabajo, clientes, subalternos y jefes.

(Frecuentemente, nuestra forma de beber ha causado un severo impacto emocional en aquellas personas próximas a nosotros, y ellas también pueden necesitar ayuda para recuperarse. En ese caso son muy útiles los grupos familiares de Al-Anon y Alateen, cuyos teléfonos pueden encontrarse en el directorio local; aunque estas comunidades no están conectadas oficialmente con A.A., son muy similares, y ayudan a los parientes y amigos no alcohólicos a vivir más confortablemente con el conocimiento de nuestra enfermedad y nuestra situación).

A través de los años, hemos llegado a convencernos de que no debiéramos tomar decisiones importantes al comienzo de nuestra recuperación, a menos que sea imposible retardarlas. Esta precaución se aplica particularmente a las decisiones que debemos tomar acerca de otras personas, y decisiones que puedan tener alto potencial emocional. Esas primeras e inciertas semanas de abstención no son la época adecuada para precipitarnos a efectuar cambios drásticos en nuestra vida.

Otra precaución: el hacer depender la sobriedad de alguien con quien nos sentimos emocionalmente atados puede ser sumamente desastroso. Decir, "Yo voy a estar abstemio si fulano de tal hace esto o hace aquello" establece una condición nociva para nuestra recuperación. Tenemos que permanecer sobrios a causa de nosotros mismos, sin que nos importe lo que haga o deje de hacer cualquiera otra persona.

Debiéramos recordar, también, que el odio o desagrado interno contra alguien es un enredo emocional, que frecuentemente se presenta como el inverso de un amor pasado. Necesitamos calmar ese tipo de sentimiento, o de lo contrario nos volverá a llevar a la bebida.

Es muy fácil considerarse uno mismo como excepción a esta regla. Cuando ingresa al período de recuperación, usted podrá sinceramente creer que ha encontrado por fin el amor real, o que su actitud de odio o disgusto actual, persistente aún dentro de su sobriedad, significa que siempre hubo algo fundamentalmente equivocado en esa relación. En cualquier caso, usted podrá tener la razón, pero por ahora, es conveniente esperar a ver si su actitud puede eventualmente cambiar.

Una y otra vez, hemos visto cambiar dramáticamente estos sentimientos en lapsos muy cortos de sobriedad. Por eso, utilizando el proverbio "Lo Primero Primero", hemos hallado la conveniencia de concentrarnos primero únicamente en la abstención, y evitar simultáneamente los enredos emocionales que puedan ser peligrosos.

Los nexos inmaduros o prematuros son también amenazas para la recuperación. Sólo cuando hemos tenido tiempo de madurar algo más de lo que puede proporcionar la mera abstención, nos encontramos debidamente equipados para relacionarnos en forma madura con otras personas.

Cuando nuestra sobriedad tiene una base lo suficientemente firme como para soportar la tensión, podemos sentirnos listos para trabajar y fortalecer otros aspectos de nuestras vidas.

25. SALIRSE DE LA TRAMPA DEL SUBJUNTIVO

Los enredos emocionales con las demás personas no son la única fuente de peligros para que nuestra sobriedad se vea dependiente de factores extraños. Algunos de nosotros tenemos la tendencia a poner condiciones a nuestra sobriedad, sin siquiera darnos cuenta.

Uno de nuestros miembros dice, "Nosotros los borrachos* somos gente muy subjuntiva. Durante nuestros días de bebedores, estábamos tan llenos de cosas condicionales, como de alcohol. Una gran cantidad de nuestros sueños empezaban con la frase, 'Si sucediera esto, si sucediera lo otro '. Y nos decíamos continuamente a nosotros mismos que no tendríamos por qué

---

* Algunos miembros de A.A. nos referimos a nosotros mismos como "borrachos", sin tener en cuenta el tiempo que hemos permanecido sobrios. Otros prefieren decir "alcohólicos". Existen buenas razones para utilizar ambos términos. "Borrachos" es una palabra fácil, liviana, que tiende a reducir el ego al tamaño normal, y nos recuerda nuestra propensión para beber. "Alcohólicos" es también una palabra sincera, pero más dignificada y más de acuerdo con la idea aceptada actualmente de que el alcoholismo es una enfermedad totalmente respetable, y no solamente una dudosa auto-indulgencia.

emborracharnos si esto o lo otro no hubiera sucedido, o que no tendríamos ningún problema con la bebida si..."

Todos hemos continuado la frase con nuestras propias explicaciones (¿o excusas?) para nuestro alcoholismo. Cada uno de nosotros pensaba: Yo no estaría bebiendo en esta forma si...

Si no fuera por mi esposa (o esposo)... si tuviera un poco más de dinero y menos deudas... si no fuera por todos estos problemas de familia... si yo no estuviera bajo tantas presiones... si tuviera un mejor lugar para vivir... si tuviera un mejor trabajo... si la gente me entendiera... si la situación del mundo no fuera tan caótica... si los seres humanos fueran más amables, más considerados, más honestos... si los demás no creyeran que yo bebo tanto... si no fuera por esta guerra (cualquier guerra)... etc., etc.

Mirando retrospectivamente esta forma de pensar y la conducta resultante, vemos ahora que estábamos dejando que unas circunstancias totalmente ajenas a nosotros mismos nos gobernaran la vida.

Cuando suspendimos la bebida, una gran cantidad de esas circunstancias se colocaron en su lugar apropiado en nuestras mentes. A un nivel personal, muchas de ellas se aclaran tan pronto empezamos la recuperación, y vemos las soluciones que podemos trabajar para desvanecer esas otras algún día. Entre tanto, nuestra vida es mucho mejor en sobriedad, no importa la situación en que nos encontremos.

Pero después de algún tiempo de abstención, se presenta para algunos de nosotros una ocasión en la cual nos golpea en el rostro un nuevo descubrimiento. Ese "subjuntivo" que utilizábamos habitualmente en nuestros días de alcoholismo activo, se ha adherido a nuestra abstención, aunque nosotros no lo veamos así. Inconscientemente, estamos colocando condiciones a nuestra abstención. Hemos empezado a verificar que la sobriedad es una buena cosa, si todo va bien, y si nada nos sale mal.

En efecto, empezamos a ignorar la naturaleza bioquímica o inmutable de nuestra enfermedad. El alcoholismo no respeta esos subjuntivos. No se nos desaparece, ni por una semana, ni por un día, ni por una hora, dejándonos no alcohólicos y capacitados para beber nuevamente en alguna ocasión especial o por alguna razón extraordinaria, ni siquiera si se trata de una celebración que sólo acontece una vez en la vida, ni si nos golpea una gran calamidad, o si llueve en España o caen las estrellas en el Africa. El alcoholismo no tiene condiciones para nosotros, y no podemos hacerle concesiones a ningún precio.

Puede llevarnos algún tiempo el adquirir ese conocimiento hasta la médula de nuestros huesos. Y en muchas ocasiones nosotros mismos no reconocemos las condiciones que hemos adherido inconscientemente a nuestra recuperación hasta cuando algo nos sale mal a pesar de nuestra buena voluntad. Entonces, ¡bumb!, ahí está. No habíamos contado con *esta* circunstancia.

El deseo de un trago es natural a la luz de un fracaso desalentador. Si no conseguimos el ascenso, la promoción, o el trabajo con el cual estábamos contando, si nuestra vida amorosa empieza a dificultarse, o si alguien nos trata mal, entonces nos daremos cuenta de que todo el tiempo hemos estado confiando en las circunstancias para ayudarnos a mantenernos sobrios.

En alguna parte de las convoluciones de nuestras células cerebrales, hemos mantenido una pequeña reserva como condición para nuestra sobriedad. Esa reserva estaba dispuesta a saltar en el momento menos pensado. Por eso empezamos a pensar, "Sí, la sobriedad es una gran cosa, y yo intento mantenerla". Pero no escuchamos el murmullo de la reserva escondida que nos dice: "Tratarás de mantenerla, si todo sale perfectamente".

No podemos permitirnos el lujo de esos síes condicionales. Tenemos que mantenernos sobrios no importa cómo nos trate la vida, no importa si los no alcohólicos aprecian nuestra sobriedad o no. Tenemos que mantener nuestra abstención independientemente de todo lo demás, sin complicar nuestros sentimientos con otras personas, y sin que dependa de condiciones o situaciones posibles o imposibles.

Una y otra vez, hemos visto que no podemos permanecer abstemios únicamente por causa de la esposa, el marido, los hijos, los familiares, parientes, amigos, o por mantener un trabajo, o por agradar a un jefe, un médico, un juez o un acreedor. Por *nadie* distinto de nosotros mismos.

El amarrar nuestra abstención a alguna persona (aunque sea otro alcohólico recuperado) o a alguna circunstancia distinta, no sólo es insensato sino muy peligroso. Cuando empezamos a pensar, "Yo voy a estar abstemio si..." o "No voy a beber porque..." (Coloque en este espacio cualquier circunstancia distinta de su propio deseo de recuperación), inadvertidamente estamos poniéndonos en situación de beber cuando cambie esa persona, condición o circunstancia. Y cualquiera de ellas puede cambiar en cualquier momento.

Nuestra sobriedad independiente, sin afiliarse a ninguna cosa o persona distinta, puede crecer y volverse lo suficientemente fuerte para capacitarnos para afrontar todo y a todos. Y, como usted mismo lo comprobará, empezamos a apreciar ese sentimiento también.

26. PERMANECER ALERTA EN LAS OCASIONES EN QUE SE CONSUME LICOR

Hemos elaborado muchas maneras de manejar las ocasiones en que otras personas beben, de manera tal que podamos disfrutar esas ocasiones sin tener que beber.

Anteriormente, habíamos hablado acerca de la decisión que debíamos tomar respecto a mantener licor en nuestros hogares cuando dejábamos de beber. En esa explicación, reconocíamos el hecho de que vivimos en una sociedad en la cual la mayor parte de la gente bebe, y no podemos realmente esperar que esa situación cambie. A través del resto de nuestras vidas, habrá siempre ocasiones para beber. Esas oportunidades se presentarán, y todos los días estaremos en contacto con gentes que beben, tendremos que asistir a lugares donde se bebe, escuchar y ver docenas de anuncios que nos incitan a la bebida.

No podemos aislarnos nosotros mismos contra esas sugerencias, y es inútil tratar de negar su existencia. Tampoco tenemos necesidad de evitar que otras personas puedan beber. Hemos visto que no tenemos que privarnos del placer de estar con amigos que beben. Aunque parece más sensato gastar más tiempo con los no bebedores que con los bebedores, cuando empezamos nuestro proceso de recuperación. No deseamos tampoco retirarnos del mundo para siempre, únicamente porque existan personas que beben. Aquellas personas que no pueden comer pescado o nueces o cerdo o fresas no se esconden en cuevas. ¿Por qué debiéramos escondernos nosotros?

¿Vamos los A.A. a los bares, restaurantes o clubes donde se expende licor? Sí, después de algunas semanas o meses, cuando tenemos una razón *legítima* para asistir a esos sitios. Si tenemos que gastar un tiempo para esperar un amigo, no escogemos como lugar de espera la butaca de un bar. Pero si por negocios o compromiso social tenemos que asistir a esos lugares, asistimos y participamos en todo, menos en la bebida.

Durante los primeros meses de abstención, es una idea saludable el alejarnos de nuestros antiguos compañeros de trago, y encontrar excusas razonables para evitar las reuniones donde la bebida es el entretenimiento principal. Parece especialmente importante evitar estas situaciones cuando nos sentimos nerviosos por ellas.

Pero, tarde o temprano, se presentará la ocasión en que una obligación familiar o comercial o una amistad nos hacen sentir obligados a ir, o tal vez porque nosotros mismos deseemos asistir a ese evento. Hemos desarrollado por tanto un número suficiente de maneras de controlar fácilmente ese tipo de problemas, sin que nos veamos obligados a beber. Hablamos principalmente de la gran fiesta o de la cena regularmente numerosa pero informal donde se sirven muchos aperitivos.

Si la dueña o el dueño de casa es una persona con la cual tenemos confianza, podemos decirle anticipadamente que no estamos bebiendo en la actualidad. Naturalmente, no les pedimos que nos den un tratamiento especial. Pero es muy reconfortante saber que siempre habrá una persona completamente comprensiva de nuestros esfuerzos para sobreponernos a un problema de bebida. En ocasiones, podemos invitar a un abstemio experimentado para que nos acompañe, o llevar una persona que sepa nuestros esfuerzos por lograr la abstención y se dé cuenta de la importancia que esto tiene para nosotros.

Es muy aconsejable que, antes de asistir a la fiesta, converse usted con otro alcohólico recuperado o alguna persona que conozca su situación, desee el restablecimiento de su salud y entienda completamente la presión a que se va a ver sometido. Convenga con ella llamarla después de la fiesta para contarle cómo le fue. Un alcohólico en recuperación le agradecerá mucho esa llamada. ¡Créanos! Nosotros los miembros de A.A. nos emocionamos cuando recibimos ese tipo de mensaje.

Es una idea muy conveniente comer un sandwich o un pasabocas antes de ir a una fiesta, aun cuando usted sepa que van a servir comida. El tener algo nutritivo en el estómago, nos ayuda a soportar muchas veces la tentación, según hemos explicado en un capítulo anterior. (Usted podría llevar en el bolsillo un paquete de sus dulces o pasabocas favoritos). Esto tiene una aplicación muy importante en el caso de que usted tenga que ir a una fiesta donde sabe que va a transcurrir un largo tiempo de bebida antes de que aparezca la comida.

Cuando usted sepa anticipadamente que esto va a acontecer también, puede preferir llegar una o dos horas más tarde para que su llegada coincida más o menos con la cena. Muchos de nosotros hacemos esto. Luego, si después de la comida se continúa con la sesión de trago, es muy fácil para nosotros despedirnos y salir más temprano. Las escasas personas que se dan cuenta de nuestra retirada, se preocupan muy poco por ella, según hemos visto. Ellas se encuentran muy ocupadas con sus propios tragos.

Cuando llegamos a una de esas fiestas, lo mejor generalmente es dirigirnos hacia el bar y conseguir un vaso de ginger ale u otra bebida suave. Nadie se da cuenta si estamos bebiendo un trago alcohólico o no. Con ese vaso en la mano, podemos empezar a departir con las otras personas, sin sentirnos que nos están observando.

Esta experiencia fue muy reveladora para muchos de nosotros cuando la tuvimos por primera vez. Para nuestra sorpresa descubrimos que (1) los demás no bebían en la forma que nosotros pensábamos, y (2) que muy pocas personas observan, o le dan importancia, a que nosotros estemos o no tomando bebidas alcohólicas. (Esta última observación tiene sus excepciones, frecuentemente amigos íntimos o parientes, quienes son precisamente los más contentos de que nosotros estemos haciendo algo por nuestro problema).

Muchos de nosotros acostumbrábamos decir, y creer, que todo el mundo bebe, y podíamos argumentar que nuestra bebida no era peor que la de muchas personas que conocíamos. Para ser francos, a medida que nuestra bebida se incrementaba a través de los años, muchos de nosotros tuvimos la tendencia a asociarnos cada vez menos con personas no bebedoras, y por consiguiente nos parecía que todos los que veíamos eran bebedores.

Ahora, en nuestra sobriedad, cuando vemos a los demás nos sorprende encontrar que no todos ellos beben, y que muchos beben mucho menos de lo que nosotros imaginábamos.

Cuando empieza a pensar en este tipo de ocasiones, el alcohólico que ha iniciado recientemente la abstención se preocupa acerca de la manera como habrá de responder a las preguntas que le harán los amigos y familiares, tales como:

"Tómate un trago".

"¿Qué estás tomando?"

"¡Vamos, tú no puedes ser un alcohólico!"

"¿Tú no bebes?"

"Uno solo no te hará daño".

"¿Por qué no estás bebiendo?"..., etc., etc.

Para nuestro alivio, hemos observado que estas preguntas se nos hacen menos frecuentemente de lo que esperábamos, y las respuestas que a ellas dábamos eran mucho menos importantes de lo que nosotros habíamos creído. El hecho de que no estemos bebiendo ocasiona menos tempestades de las que teníamos.

Claro que hay una excepción. De vez en cuando, un bebedor fuerte tratará de presionarnos para que bebamos. La mayoría de nosotros hemos llegado a creer que esa actitud es muy sospechosa. La gente civilizada y educada no insiste demasiado para que las demás personas beban o coman, o no beban o no coman, a menos que tengan ellas mismas un problema personal. Nos parece muy curioso que alguien trate de hacer beber a una persona que no quiere hacerlo; y especialmente nos intriga el por qué alguien quiera hacer beber a una persona aun sabiendo que tiene problemas relacionados con el alcohol.

Hemos aprendido a sacarle el cuerpo a ese tipo de personas. Si realmente acontece que ellos tienen problemas personales con el alcohol, les deseamos que se recuperen. Pero no necesitamos defender nuestra preferencia ante ellas o ante cualquier persona. No tratamos de argumentar, ni de cambiar sus creencias. Aquí también, nuestra actitud es "Vivir y dejar vivir".

Pero volviendo a esas preguntas que se nos hacen casual y cortésmente por personas que no tienen ninguna intención malsana, y las respuestas que nosotros les damos. Probablemente existen tantas maneras de manejar estas situaciones como existen no bebedores, y su propia inteligencia le indicará la forma más conveniente y adecuada para cada circunstancia.

No obstante, de la experiencia acumulada durante 50 años por A.A., han surgido algunas formas de responder con éxito a estas situaciones. El pasado nos ofrece sus frutos, y seriá insensato no aprovecharnos de ellos.

Un gran número de nosotros (no todos) creemos que mientras más pronto revelemos la verdad de nuestra condición a nuestros conocidos, será mejor para todos. No tenemos por qué guardar el secreto, y la mayoría de la gente bien intencionada apreciará nuestra sinceridad y animará los esfuerzos que hacemos para permanecer libres de nuestra adicción. El decir en voz alta que no estamos bebiendo ayuda enormemente a fortalecer nuestra propia determinación de permanecer abstemios. Y puede haber una ventaja adicional. Ocasionalmente, al escucharnos afirmar sin ningún temor nuestros propósitos, alguna otra persona presente que también necesite o desee dejar de beber puede animarse a hacerlo siguiendo nuestro ejemplo. Por consiguiente, muchos de nosotros no vacilamos, cuando se presenta la ocasión adecuada, en decir. "Yo ahora no estoy bebiendo".

Y generalmente la persona que nos ha preguntado queda satisfecha con nuestra respuesta de que "No estoy bebiendo hoy (o esta semana)" o simplemente "No, gracias" o rotundamente "No me interesa beber", etc., etc.

Si creemos tener necesidad de explicar nuestras razones, tratamos de hacerlo sin mentir, y en una forma que las otras personas puedan entender y aceptar rápidamente. Por ejemplo, hay antiguas excusas como "Razones de salud", "Estoy en dieta", u "Ordenes del médico". La mayoría de nosotros, en una y otra época, hemos recibido tales advertencias de los médicos.

También pueden ser verdad "Ya he bebido suficiente", "He tomado todo el que puedo manejar", y "Me he dado cuenta que el trago no me conviene".

Aunque nosotros los A.A. no utilizamos entre nosotros mismos la expresión "he jurado", es una frase que muchas personas pueden entender y respetar, mientras no tratemos de hacer que otras personas se abstengan también.

Aunque ciertamente nosotros no podemos recomendar nada distinto de la verdad, porque eso es lo que nos hace sentir bien, ocasionalmente algunos de nosotros viéndonos demasiado acosados hemos recurrido a una "pequeña mentira", o sea una de aquellas excusas que creemos que no ocasionan daño a nadie y pueden describirse como una lubricación necesaria para que funcione suavemente la sociedad.

Cuando nos vemos en esta situación y tenemos que apelar a una excusa prefabricada para no beber, tratamos de no buscar una disculpa que sea demasiado complicada, como por ejemplo, "Tengo una enfermedad misteriosa", o "Estoy tomando unos remedios" porque lo más probable es que tales explicaciones no sean suficientes, y tengamos que contestar preguntas adicionales.

Usualmente, el contestar "Yo soy alérgico al alcohol" parece una razón muy aceptable. Técnicamente, en términos estrictamente científicos, el alcoholismo no es verdaderamente una alergia, según nos informan los expertos. Sin embargo, la palabra "alergia" es una magnífica forma de explicar nuestra condición; si ingerimos licor, ciertamente se nos ocasionan consecuencias lamentables.

Cuando damos una respuesta adecuada, generalmente se produce una reacción como la que buscamos. Esto es, que la gente acepte el hecho de que nosotros no vamos a ingerir licor por ahora, y deja de molestarnos con preguntas.

Cuando se nos pida escoger la bebida que deseemos, parece que es lo más cortés y socialmente indicado pedir inmediatamente algo no alcohólico, ya sea o no nuestra bebida favorita. Casi todos nosotros nos decidimos por una bebida gaseosa, un jugo de frutas, café o cualquier bebida no tóxica que sea fácilmente obtenible. (Y podemos fingir que estemos saboreándola aunque no nos guste o no tengamos sed). Esto nos coloca en una situación más fácil, y también se da gusto a la necesidad que siente el anfitrión por llenarnos compulsivamente los vasos, especialmente cuando se trata de aquellos anfitriones que no se sienten contentos si un invitado no está a toda hora con la copa llena.

Los banquetes formales, donde en ,cada puesto colocan una serie de vasos, no representan un problema particular. Generalmente el voltear la copa de vino hacia abajo es suficiente señal para que el mesero no nos sirva el vino, y esta seña la comprenden aun en los países europeos consumidores de vino. Muchos de nosotros pedimos agua mineral o soda. Y cuando alguien propone un brindis, casi nadie nos presta atención mientras alcemos *alguna* copa, llena de alguna cosa. Después de todo, no es la presencia de una droga (el alcohol etílico) dentro de la copa lo que hace del gesto del brindis una demostración simbólica de amistad.

Nadie tiene la obligación de contestar preguntas bruscas o personales; por eso, en las ocasiones en que se presentan, las ignoramos o las contestamos o simplemente cambiamos de tema. Si esto le sucede a usted, recuerde que hay cientos de miles de personas que están acompañándolo espiritualmente y comprenden perfectamente la presión a que usted está sometido y por qué está soportándola, aunque a usted le parezca que nadie comprende esa situación. Aunque no estemos presentes, con nuestros corazones lo estamos acompañando, y podemos asegurarle que cuenta con nuestros mejores deseos.

Otro tipo de incidente ha molestado a muchos de nosotros. No es nada serio o peligroso, pero tal vez si lo mencionamos podemos prevenirle una rabieta cuando se le presente a usted.

De vez en cuando, un amigo o miembro de familia con buena intención y mejor corazón se preocupa exageradamente por nuestra recuperación, sin darse cuenta y tratando únicamente de ayudar, nos coloca en una situación embarazosa en momentos en que no estamos en condiciones para ello.

Por ejemplo, la esposa no alcohólica, temiendo que podamos beber y tratando de protegernos excesivamente, salta a decir, "Fulanito ha dejado de beber". O un amigo solícito inadvertidamente puede llamar la atención de los demás cuando señala el único vaso de jugo de tomate diciendo desde el otro lado del salón, "Este vaso es para fulanito que no está tomando".

Está bien que ellos quieran ayudarnos, y tratamos de concentrarnos en su deseo de ser amables. Con toda justicia, no puede esperarse que ellos comprendan perfectamente nuestra ira. Algunos de nosotros ni siquiera podemos imaginarnos cómo nos sentimos por dentro hasta cuando ha transcurrido algún tiempo de abstención y nos ha pasado esa etapa de vivir pendientes de nosotros mismos.

Naturalmente, preferimos que se nos permita hacer nuestra propia elección, discreta y privadamente, sin hacer un espectáculo de ella. Pero sólo conseguimos herirnos a nosotros mismos cuando nos molestamos por aquello que los demás digan o hagan. Es mejor tratar de sonreír y tolerar la situación, dejando que pase el momento. Generalmente en cinco minutos ya estamos bien. Tal vez posteriormente, cuando ya estemos calmados, podemos explicar tranquilamente que reconocemos sinceramente la preocupación que tienen por nosotros, pero que nos sentiríamos mejor si nos dejasen tomar nuestra propia iniciativa y dar nuestras propias "excusas". Podemos añadir también que nos gustaría practicar nuestra propia protección en las situaciones sociales, para que esa otra persona no tenga por qué preocuparse por nuestra conducta.

Después de que ha pasado un tiempo más largo, muchos de nosotros alcanzamos un estado de tranquilidad real acerca de nuestro problema social con la bebida. Ya nos sentimos lo suficientemente descansados para decir la exacta verdad, esto es, que somos "alcohólicos recuperados", o que estamos en A.A.

Esta revelación confidencial, de persona a persona, acerca de nuestra condición en ninguna forma es conflictiva con la tradición de anonimato, la cual sugiere que nosotros no revelemos estos hechos referentes a otra persona, y que no hagamos tales anuncios para ser publicados o transmitidos.

Cuando podemos decir tranquilamente y sin alterarnos que somos A.A., nos hemos demostrado que no tenemos más qué ocultar, que no nos sentimos avergonzados por estarnos recuperando de una enfermedad. Esto ayuda a incrementar nuestra propia estimación.

Y ese tipo de revelaciones ayudan a desvanecer el cruel estigma que injustamente se nos ha lanzado por las personas ignorantes, y ayuda a reemplazar las nociones antiguas y estereotipadas acerca de "los alcohólicos".

Además, incidentalmente, al hacer nuestra afirmación podemos frecuentemente inducir a alguien más que desee recuperarse de su problema de bebida para tratar de buscar ayuda. Sólo nos queda una cosa que añadir acerca de este tema de la bebida en las ocasiones sociales. Muchos de nosotros hemos tenido los arrestos, cuando la presión para que bebamos se hace demasiado fuerte o insostenible, para inventar una excusa y salir de la reunión, sin que nos importe lo que los demás puedan pensar. Hay que tener en cuenta, que es nuestra vida la que estamos defendiendo. Tenemos que dar todos los pasos que sean necesarios para preservar nuestra salud. La reacción que tengan las demás personas será problema suyo, no nuestro.

27. ABANDONAR LAS IDEAS ANTIGUAS

Las ideas que han estado tan profundamente arraigadas en nuestras vidas de bebedores no podrán desaparecer rápidamente, como por un toque de magia, desde el momento en que empezamos a mantener el corcho tapando la botella. Pueden haberse ido nuestros días de vino y rosas, pero la enfermedad continúa dentro de nosotros.

Por eso hemos visto el valor terapéutico de arrancar de nuestras mentes esas antiguas ideas que pueden volver a presentarse nuevamente, como se ha comprobado en la realidad.

Lo que estamos tratando de adquirir es una sensación de bienestar, alivio y liberación de nuestro antiguo modo de pensar. Muchos de nuestros hábitos iniciales de pensamiento, y las ideas que producían, limitan nuestra libertad. Son simplemente un lastre, y así las veremos cuando las examinemos con cuidado. No tenemos porqué aferrarnos a ellas, a menos que demuestren ser válidas y todavía provechosas.

Podemos ahora medir la utilidad y verdad actuales de un pensamiento, tomando una medida específica de comparación.

Podemos decirnos, "Bien, ¿lo que yo pensaba cuando bebía, me ayuda ahora a permanecer sobrio? Es conveniente para mí *hoy en día esa idea?*".

Muchas de nuestras ideas antiguas, especialmente las relacionadas con el alcohol, la bebida, la forma de emborracharnos, el alcoholismo (o forma problemática de beber, si usted lo prefiere), demuestran que no son válidas o que pueden ser autodestructivas para nosotros, y es por consiguiente un gran alivio desembarazarnos de ellas. Tal vez unos pocos ejemplos sean suficientes para ilustrar nuestra disposición de ánimo para desechar esas ideas obsoletas o inútiles.

Muchos de nosotros, cuando estábamos en la juventud, creíamos que el beber era una forma de demostrar que ya no éramos niños, o que ya éramos hombres sofisticados y recorridos, o lo suficientemente rudos como para desafiar a los padres y demás autoridades. En muchas mentes, la bebida está estrechamente ligada con el romance, el sexo, la música, o con el éxito financiero, la distinción social, y el lujo de alto rumbo. Cuando en la escuela alguien trataba de enseñar algo acerca del alcoholismo, generalmente se refería a los problemas de la salud y la posibilidad de perder la licencia de conductor, nada más. Y muchas personas todavía están convencidas de que la bebida en la más mínima cantidad es algo inmoral, conduce directamente al crimen, el sufrimiento, la desgracia y la muerte. Cualesquiera que hayan sido nuestros sentimientos respecto a la bebida, positivos o negativos, generalmente eran sumamente fuertes y mucho más emocionales que racionales.

O tal vez nuestras actitudes hacia la bebida hayan sido meramente automáticas, como aceptación inconsciente de las opiniones de otras personas. Para muchos, el beber es una parte esencial de las ocasiones sociales, un pasatiempo inocuo y agradable que se hace en ciertos lugares entre amigos y en ocasiones específicas. Otros tienen a la bebida como un acompañamiento necesario para la comida. Pero ahora nos preguntamos a nosotros mismos: ¿Es realmente imposible gozar la amistad o la comida sin beber? ¿Tuvo nuestra forma de beber alguna consecuencia en el mejoramiento de nuestras relaciones sociales? ¿O incrementó nuestro gusto por la buena comida?

La idea de emborracharnos produce reacciones aún más extremas, en pro y en contra. La borrachera puede ser vista como una diversión, o como una desgracia. La sola idea es repugnante para muchas personas, a diferentes niveles. Para algunos de nosotros, era un estado deseable, no sólo porque era lo que creíamos que otros esperaran de nosotros, sino porque nos gustaba la sensación y también porque era una condición la cual muchas celebridades no tomaron muy en serio. Algunas personas son intolerantes con aquellos que nunca se han emborrachado; otros rehúyen a quienes se emborrachan demasiado. Y los descubrimientos modernos de la ciencia respecto a la salud han tenido muy poca influencia hasta ahora para que cambien dichas actitudes.

Cuando escuchamos por primera vez la palabra "alcohólico", la mayoría de nosotros la asoció exclusivamente con los hombres ancianos, temblorosos y desharrapados que veíamos pidiendo limosna o durmiendo en las aceras de los barrios más miserables. La gente bien informada se da ahora cuenta de que tal idea es absolutamente falsa.

Sin embargo, durante nuestros primeros intentos de abstención, subsisten en muchos de nosotros residuos de esas nociones obsoletas y equivocadas. Nublan nuestra visión y nos dificultan ver la verdad. Pero finalmente aceptamos la idea de que, posiblemente, algunas de esas nociones pueden ser erróneas, o que por lo menos no reflejan adecuadamente la propia experiencia personal.

Cuando pudimos persuadirnos a nosotros mismos a mirar objetivamente esa experiencia y a escuchar ideas diferentes de las propias, pudimos adquirir una gran cantidad de información que antes no habíamos examinado cuidadosamente.

Por ejemplo, estuvimos dispuestos a examinar la descripción científica de que el alcohol es una droga que altera la conciencia, y no simplemente un pasatiempo para calmar la sed. Esa droga se encuentra no sólo en bebidas, sino también en comidas y medicinas. Y en la actualidad, casi todos los días, leemos o escuchamos acerca de algún descubrimiento de que esta droga ocasiona un daño físico del cual no habíamos sospechado anteriormente, al corazón, a la sangre, al estómago, al hígado, a la boca, al cerebro, etc.

Los farmacólogos y otros expertos en adicciones afirman ahora que el alcohol no debe considerarse como algo totalmente inocuo y sano, aunque sea utilizado como bebida estimulante, sedante, tónico o tranquilizante. Pero por sí mismo, no conduce necesariamente a un daño físico o a una degradación mental en todos los casos individuales. Aparentemente, la mayoría de las personas que lo utilizan, pueden hacerlo sin que sufran perjuicios en sí mismos o para otros.

El beber, según creemos, puede verse médicamente como la ingestión de una droga; la borrachera, como una sobredosis.

El abuso de esta droga puede conducir, directa o indirectamente, a problemas de toda clase, físicos, psicológicos, domésticos, sociales, financieros, vocacionales. En vez de pensar lo que la bebida hizo *en* nosotros, empezamos a ver lo que le hace *a* ciertas personas.

Hemos observado que *cualquier* persona que tenga alguna clase de problema relacionado con la bebida puede estar sujeta a la condición que llamamos "alcoholismo". Esta enfermedad golpea sin consideraciones de edad, credo, sexo, inteligencia, raza, salud emocional, ocupación, situación familiar, constitución física, hábitos nutritivos, posición social o económica, o personalidad general. No se trata de la cantidad o la forma en que usted bebe o cómo o cuándo o por qué, sino en qué forma se ve afectada su vida por el licor, o sea, qué le sucede a usted cuando bebe.

Antes de que pudiéramos reconocer dentro de nosotros mismos la existencia de la enfermedad, tuvimos que rechazar el antiguo mito de que la admisión de que ya no nos era posible probar el alcohol era un síntoma de vergonzosa debilidad (y esto en el caso de que alguna vez hubiéramos podido controlarlo).

¿Debilidad? Por el contrario, se necesita un valor considerable para soportar estoicamente la amarga verdad sin reservas, sin echarle la culpa a alguien, sin excusas, y sin engañarnos a nosotros mismos. (No es muy bien visto el que nos vanagloriemos, pero francamente, muchos de nosotros creemos que éramos campeones mundiales en el autoengaño).

El proceso de recuperación del alcoholismo se ha visto también nublado por muchas nociones equivocadas. Al igual que millones de personas que han visto a alguien beber hasta la muerte, nos hemos preguntado por qué el bebedor no utiliza la fuerza de voluntad para dejar de beber. Esa es otra idea pasada de moda, pero continúa vigente dentro del medio porque muchos de nosotros hemos sido sometidos a la influencia de la fuerza de voluntad. Tal vez en nuestra familia o vecindario nunca faltó el tío a quien todos debíamos admirar. Habiendo sido un sinvergüenza durante muchos años, dejó repentinamente el vino, las mujeres, y la música a la edad de cincuenta años y se convirtió en un modelo de rectitud y virtud y nunca volvió a probar una gota de licor.

Esa noción infantil de que nosotros podíamos hacer otro tanto cuando quisiéramos fue una ilusión peligrosa. Nosotros somos únicos, y a nadie más nos parecemos. (No podemos emular al abuelo, que bebió un litro de whisky diario durante su vida hasta la edad de noventa años).

En la actualidad está bien establecido que la fuerza de voluntad por sí misma no tiene sobre el alcoholismo un poder curativo mayor que el que puede tener sobre el cáncer. Nuestra propia experiencia ha confirmado esta afirmación repetidamente. Muchos de nosotros tratamos de controlar o de suspender definitivamente la bebida, sin éxito perdurable en ninguno de los dos casos. Aun así, no fue fácil admitir que necesitábamos ayuda, puesto que eso también nos parecía un síntoma de debilidad. Sí, en realidad teníamos que sobreponernos a ese otro mito.

Pero finalmente nos hicimos esta pregunta: ¿No será mucho más inteligente buscar y encontrar un poder superior al nuestro que persistir en nuestros inútiles esfuerzos personales, máxime cuando hemos visto una y otra vez que son inefectivos? Todavía no creemos que sea una muestra de inteligencia el tratar de ver en la oscuridad cuando se puede simplemente encender una lámpara y utilizar la luz que nos proporciona. Nosotros no adquirimos la sobriedad enteramente por nuestra propia cuenta. Esa no fue la forma en que aprendimos a permanecer abstemios. Y tampoco, el gozar plenamente de una vida de sobriedad es tarea para una sola persona.

Cuando estuvimos dispuestos a mirar, aun temporalmente, ideas diferentes a las que teníamos, pudimos realmente empezar nuestro camino hacia una nueva vida feliz y saludable. En esa forma, que muchos de nosotros creíamos que nunca sucedería, empezamos la recuperación millares y millares de A.A.

28. LEER EL MENSAJE DE A.A.

Según se nos ha dicho, los seres humanos aprenden mejor las cosas viéndolas y tocándolas al mismo tiempo que las escuchan, y cuando se lee acerca de ellas se refuerza mucho más intensamente el aprendizaje.

Existen muy buenas publicaciones acerca del alcoholismo, y hay otras no tan buenas. Muchos de nosotros hemos logrado magnífico provecho de la lectura de campos distintos de la ciencia. Pero A.A. ni combate ni apoya las publicaciones ajenas. Simplemente ofrecemos las nuestras.

Hay personas que nunca han sido muy aficionadas a la lectura y que gastan horas enteras leyendo las publicaciones de A.A. Es indudablemente la mejor forma para obtener una idea amplia y genuina de la experiencia de A.A., que complementa aquello que oímos y conocemos en una sola ocasión y en un solo lugar.

Existen cuatro libros de A.A. y un libro de formato similar al presente.

ALCOHOLICOS ANONIMOS

Es el texto básico de la experiencia de A.A.

A.A. tal como la conocemos hoy en día, es el desarrollo ulterior de este libro, que fue originalmente preparado por un centenar de alcohólicos que habían aprendido a permanecer sobrios por medio de la ayuda mutua. Después de algunos años de sobriedad, escribieron lo que habían hecho y dieron a ese resumen el título mencionado. Por eso nuestra comunidad empezó a ser conocida por el nombre de "Alcohólicos Anónimos".

En este volumen, la experiencia original de A.A. está descrita por aquellos que primero la practicaron, y luego la escribieron. Es la fuente primaria de todo el pensamiento básico de A.A. para todos nosotros, ya sea que lo leamos frecuente o escasamente.

Muchos de los miembros consiguen su ejemplar tan pronto ingresan a A.A., para poder obtener las ideas fundamentales directamente de la fuente, sin tener que escucharlas de segunda o tercera mano.

Los miembros frecuentemente se refieren a "Alcohólicos Anónimos" como el "Gran Libro" pero no para compararlo con ningún texto sagrado. Originalmente, se había programado como un volumen relativamente pequeño, pero la primera impresión (en 1939) se hizo en un papel muy grueso, y por consiguiente el volumen resultó sumamente abultado, por lo cual recibió el apodo de "El Gran Libro".

Los primeros once capítulos básicos fueron escritos por Bill W., co-fundador de A.A. Contiene también las historias personales de muchos miembros de A.A., escritas por ellos mismos, adicionadas con algunos apéndices especiales.

La simple lectura del libro fue suficiente para que muchas personas adquirieran la abstención en los primeros días de A.A., cuando solo existían unos pocos grupos de A.A. en el mundo. Todavía cumple esa labor para algunos bebedores problema que se encuentran en zonas aisladas del mundo, y para aquellos que viven en barcos de navegación transoceánica.

Los lectores regulares del libro afirman que las lecturas repetidas revelan significados profundos que no pueden obtenerse suficientemente con una primera lectura precipitada.

DOCE PASOS Y DOCE TRADICIONES

Los fundamentos de A.A. se explican con mayor detalle en este libro, escrito también por Bill W. (Se conoce generalmente como "El Doce y Doce"). Los miembros que desean estudiar seriamente el programa de recuperación de A.A. lo utilizan como texto, conjuntamente con el Gran Libro.

Escrito trece años después de "Alcohólicos Anónimos", este volumen menor explica los principios de la conducta de A.A., tanto para los individuos como para los grupos. Los Doce Pasos, que son guías para el mejoramiento individual, habían sido expuestos brevemente en el Gran Libro; los principios de grupo, o sean las Doce Tradiciones, se cristalizaron por medio de las experiencias y fracasos de la asociación, después de la publicación del primer libro. Esas tradiciones caracterizan al movimiento y lo hacen especial, y muy diferente a las otras sociedades.

ALCOHOLICOS ANONIMOS LLEGA A SU MAYORÍA EDAD

Esta historia resumida narra los comienzos de la comunidad, y su crecimiento durante los primeros veinte años. Cuenta en detalle cómo un pequeño grupo de borrachos, que una vez se creyeron sin esperanza, valerosamente, y con todas las circunstancias en su contra, lograron finalmente establecerse como movimiento mundial de efectividad reconocida. Esta historia es una lectura fascinante para muchos de nosotros y sirve como ayuda adicional para nuestra recuperación.

COMO LO VE BILL

Esta es una lectura compuesta por los párrafos más expresivos de Bill W., tomados de su voluminosa correspondencia personal y de otros escritos. Por medio de una lista alfabética de temas, con referencia a las páginas correspondientes, se puede localizar los tópicos de interés para cualquier bebedor problema. Para muchos de nosotros, una página diaria es un antídoto para la tentación de beber.

LLEGAMOS A CREER....

Subtitulado "La Aventura Espiritual de A.A., según las experiencias de sus miembros individuales", es esta una colección de las versiones de 75 miembros acerca de "Un Poder superior a nosotros mismos". Sus interpretaciones varían desde el punto de vista ortodoxo religioso hasta los humanistas y agnósticos.

FOLLETOS

Existen varios folletos que tratan de diversos aspectos de A.A., algunos de ellos dirigidos a grupos de interés específico, y que también son publicados por A.A. World Services, Inc.

Todos ellos han sido cuidadosamente preparados bajo una estrecha supervisión por medio de los representantes de A.A. de los Estados Unidos y el Canadá, para que expresen el consenso más amplio posible del pensamiento de A.A. Es imposible entender los trabajos de A.A. a menos que se familiarice con todas estas publicaciones, incluyendo los folletos que, a primera vista, pueden parecer de escasa importancia para las demandas inmediatas de la sobriedad. (En la última página está la lista de esas publicaciones).

Adicionalmente, la Oficina de Servicios Generales de A.A. publica un boletín bimestral, el *Box 4-5-9*, y algunos otros boletines periódicos, así como un informe de la reunión anual de la Conferencia de Servicios Generales de A.A.

Muchos miembros de A.A. empiezan y terminan cada día con una lectura calmada de algún pasaje de la literatura de A.A. Esta práctica ha sido descrita como una excelente autodisciplina para cualquier persona que desee recuperarse del alcoholismo, y según las palabras de un miembro, "La epoca en la cual se puede dejar de leer sobre A.A. es cuando se conozca todo lo que haya que saber".

La lectura de los libros y folletos de A.A. representa para muchas personas "una reunión por escrito", y la amplitud de la información e inspiración de A.A. que se encuentra en ellos no pueden encontrarse en ninguna otra parte. La lectura de cualquier trozo de la literatura de A.A. empieza una senda de pensamientos que conduce directamente a evitar la bebida. Por lo tanto muchos miembros de A.A. llevan siempre consigo algún folleto, no solo porque su lectura los puede salvaguardar de la idea de beber, sino también porque suministra entretenamiento mental en los momentos más imprevistos.

La literatura de A.A. que no pueda obtenerse en un grupo, se puede ordenar directamente al Box 459, Grand Central Station, New York, NY 10163.

EL A.A. GRAPEVINE *

Mensualmente, aparece en esta revista una colección fresca del pensamiento y el humor de A.A. Todos sus artículos, gráficas, y caricaturas son trabajo de miembros de A.A. Los escritores no tienen sueldo, y muchas de las ilustraciones también son voluntarias.

Contiene artículos de meditación, historias ilustradas, noticias acerca de A.A. y de entidades ajenas, noticias acerca del alcoholismo, cartas de los miembros de A.A. de todo el mundo, artículos inspirativos (no poesía), y ocasionalmente artículos solicitados a algún experto en alcoholismo.

Las suscripciones individuales pueden ordenarse directamente escribiendo al Box 1980, Grand Central Station, New York, N.Y. 10163 Generalmente pueden conseguirse copias en la última edición en las reuniones de los grupos de A.A.

29. ASISTIR A LAS REUNIONES DE A.A.

Mucho antes de que se pensara en este libro, cada una de las ideas que en él se han incluído y muchas sugerencias para vivir en sobriedad se aprendieron y resultaron tener éxito en cientos de miles de alcohólicos. Esto no lo hicimos leyendo, sino también hablando con otros. Inicialmente, nuestra actividad se limitaba a escuchar.

Usted también puede hacer lo mismo, gratis, sin tener que "unirse" a nada.

Lo que nosotros hicimos fue simplemente asistir a las reuniones de Alcohólicos Anónimos. Hay más de 5.000.000 de reuniones por año, en más de 114 países en todo el mundo. Y recuerde que no tiene que convertirse en miembro de A.A. para poder visitar algunas de sus reuniones. Si lo que usted desea es simplemente ensayar a A.A., siéntase totalmente bienvenido a estas reuniones como observador y puede entrar a escuchar, sin necesidad de decir una palabra. No necesita dar su nombre, o puede dar un nombre ficticio si lo prefiere. A.A. comprende esto. Nosotros no llevamos registros de los miembros o de los visitantes

---

* Inglés solamente. Una revista en Español, A.A. *El Mensaje* (identificada con A.A. Grapevine) está disponible en la Oficina de Servicios Generales, Apartado Aéreo 3070, Medellín, Colombia, S.A.

asistentes a las reuniones. Usted no tendrá que firmar, ni contestar ninguna pregunta.

Siéntase en libertad para preguntar, si lo desea. Pero muchas personas prefieren simplemente escuchar en las primeras reuniones.

Como casi todos los que han ido a una reunión de A.A., usted probablemente se sentirá sorprendido la primera vez. La gente que usted ve a su alrededor tiene una apariencia normal, saludable, razonablemente feliz y exitosa. No tiene la apariencia estereotipada de las caricaturas pasadas de moda acerca de los borrachos, los fanáticos o los abstencionistas antialcohólicos.

Lo que es más, generalmente usted podrá ver que nosotros somos un grupo amistoso, que nos reímos frecuentemente, en especial de nosotros mismos. Esta es la razón por la cual, si usted se encuentra todavía bajo los efectos de su última resaca, la reunión de A.A. le proporciona un ambiente agradable en el cual usted puede dejar pasar los efectos y empezar a sentirse mucho mejor.

Puede estar seguro que cada uno de los miembros de A.A. que encuentra en ese salón entiende profundamente la forma en que usted se siente, porque recordamos vívidamente nuestras propias miserias de resaca, y la sensación que se tiene la primera vez que se ingresa a una reunión de A.A.

Si usted es tímido, o tendiente a ser solitario, como muchos de nosotros, observará que los miembros de A.A. no tienen inconveniente en dejarlo solo si eso es lo que usted realmente desea para poderse sentir más cómodo.

Sin embargo, la mayoría de nosotros hemos visto la conveniencia de quedarnos un rato más para conversar después de la reunión. Siéntase en libertad de participar en esta charla posreunión, durante todo el tiempo que lo desee.

DIFERENTES CLASES DE REUNIONES DE A.A.

Para la elaboración de este folleto se pidieron ideas a muchos miembros de los Estados Unidos y el Canadá. Encabezando la lista se encuentra la sugerencia de que una de las formas más seguras para evitar la bebida consiste en asistir a diferentes tipos de reunión. "Es la forma en que aprendemos todas las ideas tomándolas de otra persona", según el concepto de uno de los miembros entrevistados.

Si usted desea permanecer sobrio, la asistencia a cualquier reunión de A.A. es, por supuesto, mucho más segura que ir a un bar o una fiesta, o ¡permanecer en su casa en compañía de una botella!

Hay muchas más oportunidades de evitar el paludismo cuando usted se aleja de los pantanos infectados de mosquitos. Así mismo, las oportunidades para no beber se incrementan mucho más en una reunión de A.A. que en cualquier reunión social donde pueda conseguirse licor.

Adicionalmente, en las reuniones de A.A. existe una especie de tendencia hacia la recuperación. Así como la bebida es el objetivo de una reunión social, la sobriedad es la meta común que se busca en la reunión de A.A. Aquí, tal vez más que en cualquier otra parte, usted se encuentra rodeado por personas que comprenden la bebida, que aprecian su sobriedad, y que pueden decirle muchas maneras para incrementarla. Además, usted podrá ver muchos ejemplos de alcohólicos exitosamente recuperados, felices, y abstemios. Esto no es lo que se encuentra en las tabernas.

A continuación describimos las formas más populares de reuniones de grupo en A.A., y algunos de los beneficios que se derivan asistiendo a ellas.

REUNIONES DE PRINCIPIANTES (O DE RECIEN LLEGADOS)

Estas son generalmente más pequeñas en número que las otras clases de reuniones, y generalmente preceden a la reunión usual del grupo. A ellas pueden asistir todas las personas que crean tener un problema de bebida. En algunos lugares, estas reuniones se conforman por una serie de discusiones o charlas acerca del alcoholismo, la recuperación y A.A. En otros sitios, las reuniones de principiantes son simplemente sesiones de preguntas y respuestas.

Los miembros de A.A. que han utilizado estas reuniones enfatizan que son lugares excelentes para hacer preguntas, para adquirir nuevos amigos, y para empezar a sentirse cómodos en compañía de otros alcohólicos, que no están bebiendo.

REUNIONES ABIERTAS

(Estas son reuniones a las que puede asistir cualquier persona, alcohólica o no).

Estas tienden a ser un poco más organizadas, un poco más

formales. Generalmente, dos o tres miembros (que anticipadamente se han ofrecido como voluntarios) van diciendo por turnos su experiencia con el alcoholismo, qué les sucedió, y cómo han logrado su recuperación.

La charla de este tipo no tiene que seguir una orientación definida. Naturalmente, sólo un puñado de los miembros de A.A. son oradores entrenados. En la práctica, aun aquellos miembros cuya profesión incluye la oratoria profesional, evitan cuidadosamente hacer discursos en las reuniones de A.A. Por el contrario, tratan de contar sus propias historias en la forma más simple y sencilla posible.

Lo que es inconfundible es la casi sorprendente sinceridad y honradez que usted escucha. Probablemente se sentirá sorprendido de verse a sí mismo riéndose, y diciéndose para sus adentros. "Sí, exactamente así me sucede a mí".

Uno de los mayores beneficios en atender las reuniones abiertas consiste en la oportunidad de escuchar una gran variedad de historias personales sobre la trayectoria alcohólica. Oye describir los síntomas de la enfermedad en muchas formas diferentes, y esto le ayuda a decidir si usted padece esa enfermedad o no.

Naturalmente, todas las experiencias de los miembros de A.A. son diferentes unas de otras. Es posible que en alguna oportunidad usted escuche a alguien recordar bebidas favoritas, formas de beber, o problemas derivados de la bebida que se parecen mucho a los de usted. Por otra parte, los incidentes dentro de esas historias pueden ser muy diferentes a los suyos. Escuchará también personas de diferentes trayectorias, ocupaciones, y creencias. Cada miembro habla únicamente por sí mismo, y sólo expresa su propia opinión. Nadie puede hablar en nombre de todos los A.A., y nadie tiene que estar de acuerdo con cualquier sentimiento o idea expresados por otro miembro de A.A. En nuestra comunidad se acoge favorablemente y se aprecia en alto grado la diversidad de opiniones.

Pero si usted escucha cuidadosamente, probablemente reconocerá sentimientos que usted ha tenido, si es que no encuentra eventos conocidos. Reconocerá también las emociones del orador que pueden ser muy parecidas a las de usted, aunque la vida cuya historia está escuchando haya sido radicalmente diferente de la suya.

En A.A., este reconocimiento se llama "identificación con el orador". Esto no significa que la edad, sexo, estilo de vida, conducta, placeres, o problemas del orador sean idénticos a los suyos. Pero sí quiere decir que usted oye hablar de temores, excitaciones, preocupaciones, y alegrías con las cuales usted puede identificarse, porque usted mismo recuerda haberlos sentido en algunas ocasiones.

También podrá sorprenderse de que casi nunca escuchará de un orador en A.A. la autoconmiseración por haber sido privado del alcohol.

La identificación con el pasado del orador no es tan importante como obtener una impresión de su vida actual. Generalmente el orador A.A. ha encontrado, o está logrando, algún nivel de tranquilidad, paz mental, soluciones a los problemas, deseo de vivir, y una especie de salud espiritual que a usted le agradaría tener. Si es así, continúe asistiendo. Estas cualidades son muy contagiosas en A.A.

Por otra parte, los recuerdos que ocasionan esas narraciones de las miserias del alcoholismo activo pueden ayudarle a extinguir cualquier deseo impulsivo de tomar la bebida.

En reuniones como esta, muchos miembros de A.A. han escuchado las sugerencias precisas sobre la recuperación que estaban buscando. Y casi todos los miembros salen de esas reuniones renovados y animados en su recuperación a tal punto de que, al menos por esa noche, no desean probar una bebida.

REUNIONES CERRADAS DE DISCUSION

(Son solamente para alcohólicos, o para personas que estan tratando de definir si son alcohólicos o no).

Algunos grupos tienen reuniones de discusión "abiertas", y por lo tanto cualquier persona puede asistir a ellas. Pero frecuentemente, tales reuniones se describen como "cerradas", es decir, para miembros actuales o potenciales, y por lo tanto aquellos que asisten pueden sentirse en libertad para discutir cualquier tópico que pueda causar problema, o interés, al bebedor alcohólico. Esas discusiones son enteramente confidenciales.

Uno de los miembros que previamente se ha ofrecido como voluntario empieza la reunión narrando brevemente su propia historia de alcoholismo y recuperación. Se abre así la reunión para la discusión general.

Cualquiera de los presentes que tenga algún problema particular, sin que importe cuán penoso o embarazoso, puede ventilarlo en una reunión de discusión y escuchar las experiencias de los asistentes en el manejo de un problema igual o similar.

Naturalmente, las experiencias acerca de la felicidad y alegría también se comparten. En estas discusiones se aprende que ningún alcohólico es único o solitario.

Se ha dicho que estas reuniones son los talleres donde el alcohólico aprende a permanecer sobrio. Ciertamente, se puede escoger en ellas una gran cantidad de sugerencias para el mantenimiento de una abstención feliz.

REUNIONES DE PASOS

Muchos grupos de A.A. sostienen reuniones semanales en las cuales se toma uno de los Pasos del programa de recuperación de A.A. como tema básico para la discusión. Las Doce Tradiciones, Los Tres Legados de AA., los refranes de A.A., y los tópicos sugeridos en la revista Grapevine, también se utilizan para este propósito en algunos grupos. Pero cuando se presenta una persona, con una urgente necesidad de ayuda para un problema personal inmediato e importante, puede discutirse como tema de la reunión el problema presentado.

Conjuntamente con los libros "Alcohólicos Anónimos" y "Doce Pasos y Doce Tradiciones", las reuniones acerca de los Pasos proporcionan más fácilmente la mejor comprensión y entendimiento de los principios fundamentales de la recuperación en A.A. Estas reuniones suministran también una amplia variedad de interpretaciones y aplicaciones generales del programa básico de A.A., demostrando cómo lo podemos utilizar, no solo para vivir sobrios, sino para enriquecer nuestras vidas.

CONVENCIONES Y CONFERENCIAS PROVINCIALES, REGIONALES, NACIONALES E INTERNACIONALES

Con asistencia variable desde centenares hasta más de 20.000 personas, acompañadas generalmente por sus familias, estas reuniones voluminosas de A.A. consisten generalmente en programas de fin de semana y con diferentes tipos de sesión. El programa incluye usualmente reuniones de discusión sobre diversos tópicos, así como charlas por invitados expertos en alcoholismo, y también generalmente un banquete, o recreación especial, y se provee tiempo para otras actividades sociales, mucho más fáciles de gozar puesto que son exentas de alcohol. Ellas nos enseñan hasta qué punto podemos divertirnos estando abstemios.

También nos proporcionan la oportunidad de conocer y aprender de muchos miembros de A.A. que viven en áreas diferentes. Para muchos miembros, estas ocasiones se han convertido en el programa favorito para las vacaciones o fines de semana, ya que son experiencias tan sumamente apreciadas en la recuperación. Proporcionan recuerdos inspirativos para los días rutinarios, y frecuentemente son ocasión para empezar amistades íntimas, de muy larga duración.

¿TENEMOS QUÉ IR A ESAS REUNIONES POR EL RESTO DE NUESTRAS VIDAS?

No. A menos que lo deseemos.

Millares de nosotros gozamos de esas reuniones mucho más a medida que los años de sobriedad se van incrementando. Para nosotros se convierten en un placer, y no en una obligación.

Todos nosotros tenemos que mantenernos comiendo, bañándonos, respirando, lavándonos los dientes, y haciendo miles de cosas similares. Millones de personas continúan año tras año trabajando, leyendo, asistiendo a espectáculos deportivos, frecuentando clubes sociales, y llevando a cabo trabajos religiosos. Por eso tampoco nos parece raro asistir continuamente a las reuniones de A.A., puesto que gozamos con ellas, nos beneficiamos de ellas, y mantenemos con ellas bien equilibrada nuestra vida.

Pero la mayoría de nosotros asiste a esas reuniones con mayor frecuencia durante los primeros años de recuperación. En esa forma se establece un cimiento sólido para la recuperación a largo término.

En la mayoría de los grupos tienen reuniones una o dos veces por semana (cuya duración es de una hora u hora y media). Se cree ampliamente en A.A. que el miembro nuevo puede aprovechar mejor nuestro programa si adquiere el hábito de asistir regularmente a las reuniones de un grupo por lo menos, y visitar también otros grupos de vez en cuando. Así no solo se obtiene una visión general de las diferentes ideas, sino que se ayuda a encuadrar el problema del bebedor dentro de un marco de organización, que le ayuda a combatir el alcoholismo.

Hemos visto que es muy importante, especialmente al principio, asistir puntualmente a las reuniones, sin prestar atención a las excusas que podamos tener para faltar a ellas.

Necesitamos ser tan diligentes en la asistencia a las reuniones como lo fuimos con el alcohol cuando bebíamos. ¿Cuál de los bebedores problema permitió que la distancia, el clima, la enfermedad, el negocio, los invitados, o la bancarrota, o la hora del día o de la noche, o cualquier otra cosa lo alejara de la bebida que deseaba realmente? Así mismo no podemos permitir que haya algo que nos impida ir a las reuniones, especialmente si deseamos una real recuperación.

También hemos visto que la asistencia a las reuniones *no* es algo que haya que hacer especialmente cuando sentimos la tentación de beber. Generalmente sacamos más provecho de las reuniones cuando asistimos a ellas sintiéndonos bien y sin haber tenido la tentación del alcohol. Y aun una reunión que no sea total e instantáneamente satisfactoria es mejor que ninguna reunión.

A causa de la importancia de las reuniones, muchos de nosotros mantenemos una lista de los grupos y hora de reuniones de nuestra localidad, y nunca viajamos fuera de nuestro lugar de residencia sin habernos provisto de los directorios de A.A., que nos permiten encontrar las reuniones o los compañeros en cualquier parte del mundo.

Cuando por causa de una enfermedad o catástrofe natural se nos hace imposible asistir a la reunión, hemos encontrado sustitutos para ellas. (Es muy sorprendente saber que ni siquiera los huracanes, los terremotos, o las tormentas de las regiones subárticas han impedido a los miembros de A.A. de esas regiones viajar cientos de kilómetros o más para asistir a reunión. Existiendo una reunión a su alcance, es muy natural para muchos A.A. utilizar el trineo, el camello, el helicóptero, el camión o la bicicleta, así como para nosotros es natural utilizar autos, o trenes subterráneos).

Como sustituto de la reunión, cuando es imposible la asistencia, podemos llamar por teléfono, o por radio-teléfono a nuestros amigos o valiéndonos de algún material de lectura de A.A., utilizarlo como material mental.

La Oficina de Servicios Generales de A.A. ha organizado servicios especiales para varios centenares de miembros solitarios de A.A., tales como miembros de las fuerzas armadas en comisión por diversas partes del mundo, así como para los "Internacionales" que son miembros marineros de buques mercantes, para ayudarles a mantener estrecho contacto con A.A. Estas personas reciben boletines y listas que les permiten comunicarse con otros miembros (por carta o por cinta magnetofónica) durante las épocas en que les es imposible ir a reuniones regulares de grupos.

Pero muchos de aquellos miembros solitarios hacen mucho mejor cuando no encuentran un grupo en las cercanías de su lugar de trabajo o residencia: empiezan un nuevo grupo.

EL PROBLEMA DEL DINERO

El alcoholismo es muy costoso. Aunque A.A. por sí mismo no tiene cuotas, ni tarifas, hemos pagado cuentas muy costosas a los almacenes de licor y tabernas antes de nuestro ingreso a A.A. Por eso, muchos de nosotros llegamos a este programa casi en bancarrota, si no totalmente en ella.

Mientras más pronto podamos mantenernos a nosotros mismos, es mucho mejor, según lo ha demostrado nuestra experiencia. Los acreedores casi siempre se sienten contentos al ver que nosotros estamos haciendo un esfuerzo sincero y honrado para sanear nuestra situación financiera, aunque sea en módicas cuotas de pago.

Sin embargo, adicionalmente a la comida, el vestido y el alojamiento, hemos visto que existe una clase particular de gasto, que es de mucho valor para nuestros primeros días de recuperación. Uno de nosotros nos ha dado permiso para imprimir aquí sus

CONSEJOS PARA INVERSIONES RENTABLES

En los primeros días de abstinencia,
sin trago, con las hambres atrasadas,
cuando apremian las deudas con urgencia
y tenemos el suelo por almohada;
cuando no hay soluciones decorosas
para la bancarrota monetaria
y no vemos por dónde van las cosas
en nuestra situación deficitaria...
es la ocasión de hacer las inversiones
que habrán de convenirnos algún día:
la moneda que paga la llamada
necesaria al padrino que nos guía;
el billete que echamos al sombrero;
el tiquete del bus o del tranvía
que nos lleva al lugar de reuniones;
el café que tomamos con amigos
que nos brindan amable compañía...
Todas ellas son sabias inversiones
que darán rendimientos positivos
de sobriedad, cariños, ilusiones,
felicidad, ¡trabajo y alegría!

30. ENSAYAR LA PRACTICA DE LOS DOCE PASOS

El antiguo médico de cabecera nos decía, "Cuando todo le falle, trate de seguir las instrucciones".

No hemos hablado hasta ahora acerca de los Doce Pasos ofrecidos por A.A. como programa de recuperación del alcoholismo, y tampoco los vamos a enumerar o explicar aquí porque cualquier persona que tenga curiosidad acerca de esto puede encontrarlos fácilmente en la literatura de A.A. Sin embargo, vamos a hablar acerca de su origen, que es sorprendente.

En 1935, dos hombres se reunieron en Akron, Ohio. Ambos eran considerados como borrachos sin esperanza, lo cual parecía muy vergonzoso a aquellas personas que los conocían. Uno había sido corredor de bolsa en Wall Street; el otro, un famoso cirujano. Pero ambos habían bebido casi hasta llegar a extremos mortales. Ambos habían ensayado "curaciones" diferentes y habían sido hospitalizados una y otra vez. Parecía cierto, aun para ellos mismos, que se encontraban más allá de toda ayuda disponible.

Casi por coincidencia, cuando se conocieron, cayeron en la cuenta de un hecho sorprendente: Al tratar de ayudarse uno a otro, el resultado para ambos era la sobriedad. Le llevaron la idea a un abogado alcohólico recluído en un hospital, y él, también, decidió ensayarla. Los tres continuaron, cada uno en su vida individual, tratando de ayudar a uno y otro alcohólico. Si las personas que trataban de ayudar no mostraban realmente interés, ellos sabían que el esfuerzo valía la pena, porque, en cada caso particular, quien ofrecía la ayuda continuaba sobrio aunque el "paciente" siguiera bebiendo.

Persistiendo en esta tarea con el propósito de obtener el beneficio, este grupo desconocido de ex-borrachos se dio cuenta repentinamente en 1937 ¡que ya había 20 personas totalmente abstemias! No podemos culparlos por haber creído que se había operado un milagro.

Convinieron en la necesidad de escribir un recuento de lo que había acontecido, para poder distribuir ampliamente esta experiencia. Pero, como podemos imaginar, existieron muchas dificultades para lograr un acuerdo acerca de lo que realmente había acontecido. Solo en 1939 pudieron terminar de elaborar un manuscrito con el cual todos pudieron estar de acuerdo. Para ese entonces, el número se había incrementado a un centenar.

Escribieron que la senda hacia la recuperación que ellos habían seguido constaba de doce pasos, y manifestaron que cualquier persona que pudiera seguir esa senda podía alcanzar la misma meta.

Este número se ha incrementado ahora hasta más de un millón de personas. Y todas son prácticamente unánimes en su convicción: "La experiencia práctica demuestra que nada puede asegurar tanto la inmunidad hacia el alcohol como el trabajo intensivo con otros alcohólicos. Esta es una actividad que funciona cuando todas las demás fallan".

Muchos de nosotros habíamos sido luchadores durante mucho tiempo. Una y otra vez, habíamos tratado de dejar de beber, solo para volver a la bebida tarde o temprano y encontrarnos en problemas siempre crecientes. Pero los Doce Pasos de A.A. marcaron nuestra senda hacia la recuperación. Ahora, ya no tenemos que seguir luchando. Nuestra senda está abierta para todos los que deseen seguirla.

La mayoría de nosotros teníamos apenas una vaga idea de lo que era realmente A.A. antes de que ingresáramos a esta Comunidad. Ahora, nos damos cuenta que continúa flotando en el ambiente una mayor cantidad de mala información que de verdad acerca de A.A. Por eso si usted no ha tenido una impresión de primera mano de nuestra Comunidad, podemos imaginarnos algunas de las impresiones distorsionadas y falsas que le pueden haber llegado, ya que a nosotros mismos nos llegaron en su oportunidad.

Afortunadamente, no necesita dejarse desorientar por esas malas informaciones y rumores, porque es sumamente fácil que usted mismo compruebe como es A.A. realmente. Las publicaciones de A.A. y cualquier oficina o grupo de su localidad (que puede localizarlos por medio del directorio telefónico) son fuentes originales de información que ha sorprendido a muchos de nosotros. No hay necesidad de que usted reciba impresiones de segunda mano, porque usted puede recibir directamente la información, y con toda libertad formar su propio criterio.

Para obtener realmente una representación adecuada y justa de A.A. puede utilizarse la fuerza de voluntad en una magnífica forma. Sabemos con toda seguridad que los alcohólicos tienen una fuerza de voluntad tremenda. No es más que considerar las múltiples formas en que nos las arreglábamos para obtener un trago desafiando abiertamente todas las circunstancias visibles. El solo hecho de tener que levantarnos aquellas mañanas, en que sentimos un riel de acero dentro de nuestro estómago, con los dientes apretados, y sintiendo cada uno de nuestros pelos electrizados, requiere una fuerza de voluntad que muchos no bebedores ambicionarían. Cuando hemos logrado por fin levantarnos en esas terribles mañanas, la capacidad para soportar nuestra cabeza durante todo el día es una prueba adicional de esa fuerza de voluntad fabulosa. Realmente, los bebedores *tienen* fuerza de voluntad.

El truco que aprendimos fue poner a funcionar esa fuerza en beneficio de nuestra salud y hacer que pudiéramos explorar las ideas de recuperación a una gran profundidad, aun cuando en ocasiones pudiera habernos parecido tarea muy laboriosa.

Tal vez pueda ayudarle recordar que los miembros de A.A. no estamos ansiosos por hacerle muchas preguntas. Puede parecer inclusive que tal vez no le prestemos demasiada atención, sino que gastamos demasiado tiempo tratando de explicarle a usted los hechos de nuestra propia enfermedad. Como usted ya sabe, estamos en búsqueda de nuestra recuperación y por lo tanto hablamos mucho para nuestro propio beneficio. Deseamos ayudarle, pero sólo si usted nos permite ayudarle.

Es probable que el problema de la bebida sea una enfermedad caracterizada especialmente por el egocentrismo, tal como lo han expresado algunos expertos psicólogos. No todos los alcohólicos son egoístas, aunque muchos de nosotros hemos visto esa tendencia en nuestro caso personal. Otros nos hemos sentido inferiores; y para podernos sentir iguales o superiores a otras personas necesitábamos la bebida.

No importa cuál sea la definición que mejor se ajuste a nuestro caso, nos damos cuenta de que éramos excesivamente egocéntricos, preocupados exclusivamente por nuestras sensaciones, nuestros problemas, y la reacción que la otra gente tuviera respecto a nosotros, y nuestro pasado y futuro. Por eso, el tratar de ponernos en comunicación con otras personas y tratar de ayudarles es una medida de la recuperación, porque nos ayuda también a salir de nuestro círculo interior. Nos produce un gran beneficio el tratar de aliviarnos por medio de la ayuda a otras personas, aun cuando parezca un gesto egoísta. Ensáyelo usted mismo.

Si usted escucha con atención lo que se dice, podrá apreciar que la persona que habla se ha deslizado dentro de su propia mentalidad y parece estarle describiendo el paisaje que existe allí, las formas cambiantes de temores incógnitos, el calor y el frío de la muerte inminente, cuando no los eventos y palabras realmente almacenados en su cerebro.

Ya sea que esto suceda o no, casi seguramente podrá lograr una buena carcajada en compañía de los A.A., y tal vez podrá escoger un par de ideas que le permitirán lograr la abstención. Si desea utilizarlas, es algo que sólo usted puede decidir.

Pero cualquiera que sea su decisión, recuerde que el poner a disposición de otros esas ideas es uno de los pasos hacia nuestra recuperación.

31. ENCONTRAR LA MANERA QUE MEJOR SE AJUSTE A SU PERSONALIDAD

Esperamos que este folleto le haya aclarado suficientemente que nosotros no consideramos la bebida como un tema frívolo o de menor cuantía. El alcoholismo merece y obtiene gran atención por nuestra parte. No nos parecen muy graciosos los chistes que se dicen acerca de los alcohólicos que sufren, y sólo nos reímos de aquello que nosotros mismos contamos desde nuestra posición de abstemios. No nos parece divertido ver a alguien que se va destruyendo por la bebida. Eso sería lo mismo que hacer chistes sobre la ruleta rusa.

A pesar de nuestra seria actitud hacia el alcoholismo, usted verá que generalmente hablamos con gracia y humor de nuestro pasado y de nuestra recuperación. Este es un enfoque saludable, y creemos que no debilita nuestra resolución para adquirir la abstención y mantenerla.

Muchos de nosotros hemos visto la muerte muy cercana. Conocemos la clase de sufrimiento que estremece los huesos. Pero también hemos conocido la clase de esperanza que hace cantar al corazón. Y esperamos que este libro haya traído para usted más motivo de estímulo que de dolor. Si usted es un bebedor problema, ya sabe suficientemente lo que son el dolor y la soledad. Nos gustaría que usted encontrase algo de la paz y del bienestar que nosotros hemos encontrado al afrontar la realidad de los altibajos de la vida con una mente clara y un corazón seguro.

Sin duda, hemos hecho sólo un tímido comienzo en el negocio de la sobriedad. Una y otra vez, hemos aprendido ideas adicionales que pueden ayudarnos.

Cuando usted empiece su recuperación, podrá pensar nuevas ideas que no hemos incluído aquí. Así lo esperamos. Y esperamos también que cuando usted adquiera ideas novedosas sobre este tema, las transmita a los demás. Por favor, compártalas. (Hay que recordar que el acto de compartir es por sí mismo muy provechoso para usted). Mientras más experiencias podamos acumular, será mayor el número de bebedores problema que podremos ayudar.

Algunos de nosotros hemos vuelto a la bebida por algún tiempo antes de obtener un anclaje real en la sobriedad. Si esto le sucede, no se desespere. Muchos de nosotros hemos pasado por esta situación y llegado finalmente a encontrar éxito en nuestra sobriedad. Trate de recordar que el alcoholismo es una condición humana sumamente seria, y que las recaídas son tan posibles en ésta como en cualquier otra enfermedad. Pero a pesar de ellas siempre podrá lograrse una recuperación.

Aun después de las recaídas, si usted continúa deseando recuperarse, y trata con buena voluntad de ensayar nuevos enfoques, nuestra experiencia nos ha convencido de que usted se ha embarcado con millares de compañeros en una senda hacia el destino feliz y saludable. Esperamos verlo entre nosotros personalmente.

Pero sea cual fuere la senda que usted escoja, por sí mismo o en nuestra compañía, siempre tendrá nuestros más fervientes deseos por su bienestar.

PUBLICACIONES DE A.A.

LIBROS

ALCOHOLICOS ANONIMOS

A.A. LLEGA A SU MAYORIA DE EDAD

COMO LO VE BILL

VIVIENDO SOBRIO

MANUAL DE SERVICIOS DE A.A. y
DOCE CONCEPTOS PARA EL SERVICIO MUNDIAL
(para los grupos en los EE.UU. y el Canadá)

DOCE PASOS Y DOCE TRADICIONES

EL DR. BOB Y LOS BUENOS VETERANOS

FOLLETOS

44 PREGUNTAS

LOS JOVENES Y A.A.

TRES CHARLAS A SOCIEDADES MEDICAS POR BILL W.

ESTO ES A.A.

¿ES A.A. PARA USTED?

COMO TRABAJA EL PROGRAMA

ALCOHOLICOS ANONIMOS POR JACK ALEXANDER

CARTA A UNA MUJER ALCOHOLICA

PREGUNTAS Y RESPUESTAS SOBRE EL APADRINAMIENTO

EL GRUPO DE A.A.

LA TRADICION DE A.A. – COMO SE DESARROLLO

CARTA A UN PRESO QUE PUEDE SER UN ALCOHOLICO

R.S.G.

M.C.D.

LO QUE LE SUCEDIO A JOSE Y SU PROBLEMA CON LA BEBIDA

A.A. COMO RECURSO PARA LA PROFESION MEDICA

UN MINISTRO RELIGIOSO PREGUNTA ACERCA DE A.A.

A.A. EN PRISIONES

A.A. EN LOS CENTROS DE TRATAMIENTO

COMO COOPERAN LOS MIEMBROS DE A.A. CON OTROS ESFUERZOS
DE LA COMUNIDAD PARA AYUDAR A LOS ALCOHOLICOS

A.A. EN SU COMUNIDAD

EL PUNTO DE VISTA DE UN MIEMBRO DE A.A. SOBRE LA ASOCIACION

LAS DOCE TRADICIONES ILUSTRADAS

COMPRENDIENDO EL ANONIMATO

UNA BREVE GUIA A ALCOHOLICOS ANONIMOS

DENTRO DE A.A.

PROBLEMAS DIFERENTES DEL ALCOHOL

ES MEJOR QUE ESTAR SENTADO EN UNA CELDA

UN PRINCIPIANTE PREGUNTA

¿HAY UN ALCOHOLICO EN SU VIDA?

¿SE CREE USTED DIFERENTE?

Dirección Postal:
BOX 459, GRAND CENTRAL STATION
NEW YORK, NY 10163. U.S.A.